To Feed the Stone

Bronka Nowicka

TO FEED THE STONE

Translated from the Polish by Katarzyna Szuster-Tardi

DALKEY ARCHIVE PRESS

Dallas / Dublin

Originally published in Polish as *Nakarmić kamień*, 2017
Copyright © 2017 by Bronka Nowicka
Translation copyright © 2021 by Katarzyna Szuster-Tardi
Cover art copyright © Lula Bajek
Interior photos © Bronka Nowicka

First Dalkey Archive edition, 2021

ISBN: 9781628973723
CIP Data available upon request

www.dalkeyarchive.com
Dallas / Dublin

Printed on permanent/durable acid-free paper.

Translator's Note

I first encountered Bronka Nowicka's writing in much the same way that you will—via the poem that opens *To Feed the Stone*, the volume you're about to read.

> Sorrow teaches me that I'm used for living.
> — When you're eating — it says — your job is to remember to chew and swallow, that's all. You see, your hair grows without your help, breathing and sleeping happens on its own, your eyes know how to close. Basically, you almost don't need yourself for anything.

This resonated with me — I loved how the language seemed clean and effortless, yet the poem left me with things to ponder and feel. Nowicka's writing presents a certain lightness of touch, which reminds me of Italo Calvino and his famous lecture on "Lightness" in *Six Memos for the Next Millennium*: "there is such a thing as lightness of thoughtfulness, just as we all know that there is a lightness of frivolity. In fact, thoughtful lightness can make frivolity seem dull and heavy." Calvino sees lightness as reflective of the vitality of the times, another quality that I think Nowicka's work shares.

To Feed the Stone is about objects that we all have at home and a child, who we all once were (and maybe who some of us have at home). The book is a moving reminder of a child's perspective; a child who's surrounded by unmagical things; objects that are sad,

ugly, serious or just ordinary. It's that lens of a child that breathes magic into these objects. My two-year-old son has helped me to understand the book better, and the book has helped me to understand my child better.

In the Polish original, the speaker or the protagonist is a child who is often referred to as "it." Initially, I wanted to keep the neutral signifier without revealing the gender because it allowed the child to stay in this twilight realm: a sexless creature, intuitive and honest like an animal; wise and surprisingly rational, almost like an extraterrestrial being. In the end, I used "she," when necessary, to avoid confusing the speaker with inanimate objects, of which there are many in the book, but I still think that the child is best described as it — its own kind.

The child-narrator of *To Feed the Stone* is not simply acting out of naive wonder or as some kind of blank slate. Rather, she evinces keen observational powers and extreme sensitivity to things that go right over adults' heads or bounce off their thick skin. She cares about those who are vulnerable, labeled as useless or crazy, and are consequently rendered voiceless and tossed aside. In Nowicka's work, they get a voice, including objects. "My interests are focused on relationships between people and things. Behind the objects are people, stories and memory. In the student short films I directed, an object was not an actor's prop, but an equal protagonist," Nowicka writes. The same holds true in *To Feed the Stone*, as the objects and people are on equal yet tenuous ground.

Like the narrator who converses and convenes with objects, Nowicka's work is in dialogue with a sprawling range of artists, thinkers, and writers. Readers of Russell Edson or Franz Kafka or Nicole Krauss will find access points. As would fans of Bruno Schulz or Gabriel Garcia Marquez or Jan Svankmajer. And Jennifer Moxley's piercing book of essays on the importance of objects, *There Are Things We Live Among*, also comes to mind for me. As Moxley notes:

I would write about George Oppen's poem "Of Being Numerous." I have always loved the way the opening lines, "There are things / We live among 'and to see them / Is to

know ourselves,'" connect "things" to both self-knowledge and structural assumptions.

Just as Moxley writes poignantly about her mother's hairbrush, cracked mirror, or the bobbin of a sewing machine, Nowicka's narrator explores buttons, a needle cushion, scissors, and a tablespoon. "This means that the world of objects is a theatrum in which the world of the human is reflected," Nowicka suggests.

Nowicka began her career as a filmmaker and interdisciplinary artist by training. She studied directing at the National Higher School of Film, Television and Theatre in Łódź, completed postgraduate studies in the interdisciplinary studio at the Painting Faculty of the Academy of Fine Arts in Cracow, and defended her PhD thesis at the Faculty of Graphic Arts and Media Art at the Academy of Fine Arts in Wrocław. As she explains, her interdisciplinary background is a critical part of her creative process, as it has made her

> eager to mix the contents of various "toolkits": when writing — I paint with words, create sequences of scenes, assemble a story or a book of poetry. While working on videos — I write, I introduce language into the picture using sound or figurative marks. I am also keen on looking for means of expression in the fields that are seemingly foreign to art: I use a computer tomograph as a film and graphic tool, creating works of a transgraphic nature.

Given the expansiveness of her "toolkit," it's perhaps not surprising that Nowicka counts figures such as James Joyce, Stanisław ("Witkacy") Witkiewicz, Witold Gombrowicz, Herta Müller, and Piero Camporesi as influences. "I'm most drawn to literary borderlands, because that's where interesting hybrid genres and inspirational thoughts are born."

Much like her book *To Feed the Stone*, Bronka Nowicka brims with pathos and intelligence and raw verve. She's one of those people who really listens. When she listens to what you have to say, that's all she does. She's not waiting for you to finish so she can jump in;

you're in the center of her focus. What you say matters—and you matter, a feeling all of us yearn for.

I write these thoughts amidst the blur of arrested normalcy and social isolation as a result of an unprecedented global pandemic. No doubt households and the objects within them are flexing their influences on us all. My hope is that the despite (or maybe because of) the charged and pressurized interactions between the "things we live among," we hear the hum of possibility.

Katarzyna Szuster-Tardi
April 2020

To Feed the Stone

Nakarmić kamień

Niemożliwemu

To the Impossible

Smutek mnie uczy, że służę do życia.

– Kiedy jesz – mówi – masz pamiętać, żeby gryźć i połykać, tylko tyle. Bo widzisz, chodzi o to, że włosy rosną bez twojej pomocy, samo się oddycha i samo śpi, oczy wiedzą, co zrobić, żeby się zamknąć. W zasadzie jesteś sobie potrzebna prawie do niczego. Więc idąc, tylko przebieram nogami, a siedząc, uciskam stołek, który skrzypi. Kiedy tak siedzę, widok całymi godzinami używa mnie do patrzenia.

Sorrow teaches me that I'm used for living.

— When you're eating — it says — your job is to remember to chew and swallow, that's all. You see, your hair grows without your help, breathing and sleeping happens on its own, your eyes know how to close. Basically, you almost don't need yourself for anything.

And so when walking, I only shuffle my feet, and sitting, I press the stool which squeaks. When I'm sitting like this, the view's using me for hours on end for looking.

A list of things

TIGHTS	GROUND
COMB	TABLE
TEASPOON	FEATHER
STONE	SCISSORS
BOX	PILLOW CASE
BUTTONS	WINDOW
DOWN	MATCH
FORK	KITES
WINDOWSILL	CAMERA
SINK	FRONT GATE
NEEDLE CUSHION	MIRROR
POCKETS	DOOR
FENCE	LACE CURTAIN
CHUNK OF CLAY	WARDROBE
MOTHBALLS	PHOTOGRAPH
ASH	WELL
DOORSTEP	TABLESPOON
SACK	CHESTNUT
SHIP	SHOES
STICK	SKIN
BALL OF YARN	SOAP

Epilogue

Rajtuzy

Lubi smak kolana. Latem wyjada go prosto ze skóry, zimą przez rajtuzy, aż wylinieje na język bawełniana sierść. W głowie zatkniętej na kolano dziecko układa rzeczy, które zna. Mrówka roztarta w palcach pachnie octem. Motyl ma puder. Kret frak. Po skórze da się toczyć szare wałki brudu. Starych ludzi czuć barszczem. Za paznokciami jest masło, w które wchodzą drzazgi. Są garbaci i szaleni ludzie, ale nie psy i ptaki. Ssąc słone kolano, dziecko wie: jedyną rzeczą, która oddziela człowieka od świata, jest skóra. Dzięki niej nie wsiąka się w bezmiar rzeczy.

Tights

She likes the taste of a knee. In the summer, she has mouthfuls straight from the skin, in the winter, through tights until her tongue is covered with cotton hairs. In her head planted on the knee, the child rearranges the things she knows.

An ant ground between fingers smells of vinegar. A butterfly has powder, a mole has a tailcoat. You can roll filth down your skin. Old people smell like borscht. You have butter under your fingernails where splinters can get in. There are hunchbacked people and crazy people but not dogs or birds. Sucking on the salty knee, the child knows: the only thing that separates you from the world is the skin. Thanks to skin, you're not swallowed up by the vastness of things.

Grzebień

– Znajdziesz wesz, dostaniesz pieniążek – mówi dziadek. Kładzie na ceracie dwudziestozłotówkę i grzebień z ciasno osadzonymi zębami. Mięsista głowa: patrzę na nią z góry, stojąc na stołku. Grzebień orze skórę – gdzie przejedzie, zostawia białe rysy, które po chwili naciągają różem. Głowa się pochyla. Dziadek drzemie.

Kilka dni później ma ręce z wosku.

– Idź, nie bój się, pocałuj – lekko mnie popychają.

– Pocałuj w rękę.

Podchodzę i całuję. Skóra taka, jakby jej nie było: nieciepła, niemiękka. Nikt pod nią nie mieszka. Opakowanie po czekoladkach mogłam zatrzymać. Wyjmowałam pudełko i wąchałam, wtedy cukierki wracały w głowie jeden po drugim, jak prawdziwe. Opakowanie po dziadku trzeba zakopać. Ale można sobie coś po nim zachować.

– Weź, co chcesz.

Chcę sweter.

– Jest przepocony, na pewno go chcesz, ten łach?

Sweter wyprany z dziadka wisi na sznurze. Jeszcze mokry sweter prasuje się z dziadka. Nie chcę tego swetra, już nie.

Nie pytając, czy mogę, biorę sobie grzebień. Nie pytając, więc kradnę, ale się nie wstydzę. Jeszcze jest w nim dziadek. Biorę sobie ciebie, grzebieniu, za pamięć.

Comb

— Find a louse, and you'll get a penny — says grandpa. He puts a 20-dollar bill and a fine-toothed comb on the oilcloth.

A fleshy scalp: I look down at it, standing on a stool. The comb ploughs the skin — leaving white lines that soon turn pink. The head is down.

Grandpa's dozed off.

A few days later, his hands are made of wax.

— Go on, don't be afraid, kiss him — they give me a little shove.

— Kiss him on his hand.

I get close and kiss him. His skin feels like it's not there: unwarm, unsoft. Nobody lives underneath. I'm allowed to keep a chocolate wrapper. I'd take it out and smell it, and the candy would come back, one after another, as if they were real. The grandpa wrapper needs to be buried. But you can keep something as a memento.

— Take what you want.

I want a sweater.

— It's all sweaty, are you sure you want that rag?

Washed off grandpa, the sweater hangs on a line. The last of grandpa is ironed off the damp sweater. I don't want that sweater, not any more.

Without asking for permission, I take the comb. Without asking, so I'm stealing but I'm not ashamed. It still has grandpa. I take you, comb, to be my memento.

Łyżeczka

Umarli słodzą tylko wtedy, kiedy wetkniemy im w ręce łyżeczki i sami zataczamy koła po dnach szklanek. Kryształki cukru udają tornada, trąby powietrzne wsadzają liście herbaty na karuzele. Kręcą się jeszcze, gdy łyżeczki oparte o spodki już wystygły. Niech będzie ruch. Niech mrówka ucieka po obrusie, taszcząc okruch ciasta. Trzeba nam osy nad stół. Niech coś brzęczy. Rozbroi ciszę tej sceny, zanim umarli nie przemówią mową, którą skleimy dla nich z cienkich papierków przechowanych słów. Zanim nie ukryjemy się za ich plecami i nie zaczniemy mówić za nich, wyobrażając sobie, że poruszają ustami. Później zaprowadzimy nad talerze ich palce, rozkruszymy nimi herbatniki, pozbieramy okruchy na opuszki, które sami poślinimy. W końcu, zmęczeni ciężarem marionetek, odłożymy ich ręce na kolana, dając sobie do zrozumienia, że w tym miejscu kończy się i podwieczorek, i wspomnienie.

Umarli nie ubierają się sami. Robimy to za nich. Tak jest z czesaniem, goleniem, wsadzaniem wsuwki we włosy i spinki w mankiet. Z dokładaniem do pieca i zestawianiem gwiżdżącego czajnika.

Trzeba im czyścić buty. Lizać za nich znaczki i wysyłać listy, które do nas nie dochodzą. Nie pomyślą, czego nie pomyślimy za nich, więc myślą o nas naszymi myślami.

Zdarza się, że siedzą w upał w rękawiczkach i wełnianych czapkach. Albo czapach ze śniegu – nad zamarzniętą rzeką, przy której zapomnieliśmy ich zeszłej wiosny.

Dziecko zostawia dziadka nad szklanką herbaty. Jutro znów przyjdzie ją posłodzić. I znów, aż wyczerpie się cały cukier świata.

Teaspoon

The dead don't use sugar unless you stick teaspoons in their hands and help them stir. Sugar crystals pretend to be tornadoes, whirlwinds put tea leaves on carousels. They are still swirling even after the teaspoons have grown cold, sitting on the saucers.

Let there be motion. Let an ant run across the tablecloth, hauling a cake crumb. We need a wasp over the table. Something to buzz, to disarm the quiet of this scene before the dead speak up with what we've glued for them from paper slips of stored words. Before we hide behind their backs and start speaking for them, imagining their lips moving. Later, we'll walk their fingers to the plates, use them to crumble the biscuits, collect the crumbles with their fingertips, which we'll lick for them. Finally, tired with the weight of the marionettes, we'll rest their hands on their knees, letting ourselves know that this is where the tea, and the memory, end.

The dead don't dress themselves. We do it for them. The same goes for combing hair, shaving, sliding bobby pins and cuff-links. Adding fuel to the fire and turning off boiling water.

You have to clean their shoes. Lick stamps for them and mail letters, which never reach us. They won't think unless we think for them so they think about us with our thoughts.

Sometimes, on a hot day, they'll wear gloves and woolen hats. Or snow caps — over a frozen river, where we forgot them last spring.

The child leaves her grandpa over a glass of tea. Tomorrow, she'll be back to sweeten it. And again, until there is no sugar left in the world.

Kamień

Ani kasztany wrzucone w kieszenie, ani kradzione jabłka nie ciążą dziecku tak, jak smutek. Pracą smutku jest przyjść i być. Nic więcej. Reszta należy do człowieka – jeśli go podejmie, smutek się utuczy jak toczona śnieżka. Oblepi każdą myślą.

Teraz jest lato. Dziecko stoi w ogrodzie, ma otwarte usta, przez które dymi oniemienie światem. Smutek leży obok. Nie topnieje. Nawet się nie poci.

Dziecko wie, skądś wie: żadna rzecz nie należy do siebie. Ani pasek na odwłoku pszczoły, ani włos konopnego sznurka, ani liść, który spada. Są częścią wszystkiego. Jak zobaczyć wszystko, jeśli wokół widać tylko rzeczy i każda chce być poznana?

Dziecko czuje podniecenie. Zaczyna się w głowie, spływa między nogi, łaskocze, jakby ktoś dotykał piórkiem. Dotykał tam. Wie: chce wszystkiego. Wie też – nie dosięgnie go bez poznania każdej rzeczy osobno. Takiego ogromu nikt nie przepuści przez młyn rąk i zmysłów. Niemożliwe. Kula smutku pasie się na mroźnym słowie „niemożliwe".

Dziecko zamyka usta. Wlecze się do domu. Po drodze znajduje kamień.

Stone

Neither chestnuts tossed in pockets nor stolen apples weigh on the child as much as sorrow. The job of sorrow is to come and be. Just that. The rest is up to you — if you embrace it, sorrow will fatten like a snowball. It will stick to every thought.

It's summer now. The child is standing in the garden in awe of the world, which leaves her open mouth like steam. Sorrow is resting on the side. It's not melting. Not even sweating.

The child knows, somehow she knows: nothing belongs to itself; neither a stripe on a bee's bottom nor a hair on a hemp twine, nor a leaf that falls. They are part of everything. How can you see everything if all you see around are things and each wants to be known?

The child feels excitement. It starts in the head and moves down, between the legs. It tickles as if someone was using a feather. Down there. She knows: she wants everything. She also knows — she won't reach it without learning each thing individually. A mill of hands and senses will never work through such enormity. Impossible. The ball of sorrow feeds on the icy word "impossible."

The child closes her mouth. She shuffles off home. On the way, she finds a stone.

Pudełko

Matka nie wie, że istnieje niebo. Od patrzenia w dół robi się jej drugi podbródek. Zaprasowuje tę fałdę głową ciężką jak żelazko.

Pod nogami matki kręci się ojciec. Jest krótki. Po dorosłe rzeczy wspina się na palce albo przystawia sobie krzesło. Właśnie je odsunął, prąc brzuchem na siedzenie. Teraz pokazuje na poduszki, trzeba mu je podłożyć, żeby dosięgnął do stołu. Gramoli się, opiera łokcie o blat z ceratą, na której leżą łyżka, widelec i nóż. Ojciec otwiera usta, a matka – łyżka po łyżce – wlewa w nie zupę. Wkłada ziemniaki i pokrojone w kostkę mięso do różowej dziupli z głodnym młodym.

Je ładnie. Chwali go, że z zamkniętą buzią. Jedna ręka matki pracuje, druga podpiera głowę, która przygląda się ojcu: malowany chłopiec. Trzymałaby go w pudełku, zrobiła dziury w wieczku. Do środka dała watę, pióra, wełnę, porwaną na strzępy ligninę. W róg sypała pokruszone biszkopty. Czasami brała do ręki i oglądała.

Malowany chłopiec skończył jeść. Wyciera mu brodę poślinionym palcem.

– Idź się pobaw – mówi ciężka żona do krótkiego męża. Siedzę pod stołem i przyglądam się podeszwom, którymi on nie może dosięgnąć podłogi.

Box

Mother doesn't know that heaven exists. She's getting a double chin from looking down. Her head, as heavy as an iron, presses that fold down.

Father keeps getting in mother's way. He's short. To reach grown-up things, he needs to stand on his tippy-toes or get a chair. He just moved it away by pressing his belly against the seat. Now he points to the cushions. He needs them stacked to reach the table. He clambers up, props his elbows on the tabletop covered with an oilcloth, next to a spoon, a fork and a knife. Father opens his mouth while mother pours in soup, one spoonful at a time. She deposits potatoes and meat chopped in cubes into a pink hollow with a hungry fledgling.

He eats up. She praises him for chewing with his mouth closed. Mother uses one hand to do the work, the other to hold up her head, which watches father: a pretty boy. She could keep him in a box. She'd make holes in the lid. Inside, she'd put some cotton fluff, feathers, wool, pieces of paper. There'd always be crumbled sponge cake in one corner. Sometimes she'd take him out to have a look.

The pretty boy is done eating. She wipes his chin with her finger which she's just licked.

— Go play now — heavy wife says to short husband.

I'm sitting under the table, watching the soles of his feet, which are dangling above the floor.

Guziki

Babka hoduje swoją matkę w pokoju z połową drzwi. Połowę urżnęła, żeby widzieć, co stara wyczynia. Połowę z zamkiem zostawiła. Przekręca w nim klucz, wrzuca za stanik. Nie da nikomu. Jeszcze by wypuścił tę plagę na dom.

W zeszłym tygodniu na moment spuściła ją z oka: prababka po-cięła zasłony, wsadziła torbę cukru w ogień. Myślała, że węgiel – jedno i drugie twarde. Rozbebeszyła szafę: szukała fartuszka, bo idzie do szkoły. Ma dziewięćdziesiąt lat, nie pamięta własnego nazwiska, ale fartuch, co się zapinał na krzyż na plecach, owszem. Jak się jej nie zamknie, wywróci wszystko do góry nogami.

– Coś mi tam za cicho jesteś, mamusiu – woła babka do dziury w futrynie.

– Zesrałam się – nad krechę uciętych drzwi wyskakuje głowa.

– To poczekasz.

Babka nie rzuci roboty. Nie przypali mięsa. Kiedy ma się pod dachem wariactwo, reszta ma być normalna. Porządny obiad należy do reszty.

Do kuchni wpada sweter. Za nim lecą: spódnica, halka, stanik. – Przepraszam, czy może pani zawołać moją córkę? Bo ja tu stoję goła.

– Zaraz przyjdę, jestem twoją córką.

– Nieprawda. Moja córka ma czarne włosy i jest szczupła jak łodyga. O, taka – nad drzwiami pokazują się palce, które biorą w kleszcze centymetr powietrza. – Ty jesteś siwa i tłusta.

Babka przewija swoją matkę. Rzepy pieluchy trzeszczą na biodrach.

– Umrę, jak mi dobrze zapłacisz – mówi stare niemowlę. Babka przynosi worek pościelowych guzików. Wysypuje na podłogę.

– Wystarczy?

– Bo ja wiem? Muszę policzyć.

Siedzę z prababką na ziemi. Liczymy na palcach guziki. – Widziałaś kiedyś tyle pieniędzy? – pyta.

Kiedy nie patrzy, wsadzam je do butów, wrzucam za koszulę, połykam. Niech będzie ich mniej. Za mało na śmierć.

Buttons

Grandmother keeps her mother in a room with a half-door. She sawed off one half to see what the hag is up to. She left the other half with the lock. She turns the key, which she stashes inside her bra. She won't give it to anyone. They might release that plague on the house.

Last week, she took her eye off of her for a moment: the great-grandmother cut up the curtains and threw a bag of sugar into the fire. She thought it was coal — both are hard. She made a mess of the wardrobe: she was looking for an apron because she was getting ready for school. She's ninety years old, she can't remember her last name but she does remember the cross back apron. If you don't lock her up, she'll turn everything upside down.

— You're a little too quiet over there, mama — grandmother yells towards the hole in the doorframe.

— I shat myself — a head pops above the line of the cut door.

— Now you'll have to wait.

Grandmother isn't going to just drop everything. She won't burn the meat. When you have crazy under your roof, the rest must be normal. The rest deserves a decent meal.

A sweater lands in the kitchen. It's followed by a skirt, nightie and bra.

— Pardon me, could you fetch my daughter? I'm naked over here.

— I'll be right there, I am your daughter.

— No, you're not. My daughter's hair is black and she's slim like a stem. Like that — two fingers appear above the door allowing an inch of air between the pincers. — You're gray and pudgy.

Grandmother is changing her mother. The diaper's velcro rustles on the hips.

— I'll die if you pay me a good price — says the old infant.

Grandmother brings a sack of linen buttons. She empties it on the floor.

— Will that do?

— How should I know? I need to count it.

Great-grandmother and I are sitting on the floor. We're fin-
ger-counting the buttons.

— Have you ever seen that much money? — she asks.

When she's not looking, I shove them in shoes, behind my shirt,
some I swallow. The less the better. Too little to die.

Puch

Chcą kociąt. Nie byle jakich, tych jeszcze ślepych, pełznących. Kociąt chcą. Ich nogi tupaniem żądają kociąt. Miękkiego im dać – już – miękkie lubią, ciepłe i różowe. Lalek chcą. Tych, co zamykają oczy. Co mówią: ma-ma.

Chcą zabawy w dom, z meblami, firanką, zastawą: na plastiku i drewnie ćwiczą wielką fikcję, już się w niej wprawiają, idą w jej kieracie – kucyki w falbanach, kokardach, pomponach. Grzywki im falują, grzecznie równe, jasne.

– Jak się pani dziś miewa, pani lalo? Tortu?

Tort jest z plasteliny. Tort kłamie, a mimo to idzie na stół. Później pod mały nóż i do ust wyciśniętych w gumie, pomalowanych czerwonym lakierem.

– Smakowało? Ach. Może jeszcze?

Później: czeszą im włosy, rozbierają. Co też ona ma pod majtkami, ta lala, co ma? Bliznę po maszynie, która zgrzała plastik. Kłamstwo. Jedno z wielu kłamstw powszedniego dzieciństwa.

Lalki, już ubrane, kładą na poduszki. Zakrywają kołdrą z prawdziwego puchu. Lala ma puch. Puch ma lalę. Gdzie jest ten puch? Ten puch jest na lali. Jaki jest puch? Puch jest miękki. Ja mam kamień. Mój kamień.

Down

They want kittens. Not just any, those still blind ones that crawl. Kittens are what they want. Their feet's stomping demands kittens. Soft is what they want — now — they like soft, warm and pink. They want dolls. The ones that close their eyes. That say: ma-ma.

They want to play house, with cupboards, curtains and table wear: they practice the great fiction on plastic and wood, they're getting a hold of it, ready to toe its line — ponies in frills, bows and pompons. Their light, politely-even bangs wave in the air.

— How are you today, Mrs. Doll? Cake?

The cake is made of play dough. The cake lies but it still ends up on the table, and later under a toy knife and into the mouths pressed onto rubber, brushed with red varnish.

— How's the cake? Another piece?

Later, they brush their hair and undress them. What's that in her panties? What does the doll have there? A scar after a plastic press machine. A lie. One of many lies that accompanies childhood.

The dolls, dressed again, are laid on the pillows. They're covered with a real down comforter. The doll has down. Down has a doll. Where is this down? This down is on the doll. What's down like? Down is soft. I have a stone. My stone.

Widelec

– Myśmy się czesali widelcem, kluski gotowali w czajniku. Jak się która, bo nas było cztery, nie uczesała w porę, to czekała, aż druga wyciągnie tym naszym grzebieniem cały makaron z czajnika. Jak czajnik przestawał być garnkiem na kluski, dopiero się wstawiało wodę na herbatę.

Lalkę miałam z pałki do ucierania ciasta. Nie było masła, cukru – pałka była na nic. Ciotka wypaliła jej oczy drutem rozgrzanym nad świeczką, na głowę dała gałgan, uszyła sukienkę. Ale myśmy nie mieli młotka. Jak trzeba było wbić gwóźdź w but, co się rozlazł, lalkę się rozbierało i ta-ka goła to był młotek.

Naloty się przeczekiwało w grobowcach. Piękne te pomniki, jak domki z piwnicami. Po schodkach się schodziło. Jak była jedna trumna zamurowana, to było nisko, było wygodnie siedzieć. Było wyżej – bo trumny stawiali piętrowo – było ciężko. Ale to już grabarka nas prowa-dziła do takiego grobu, gdzie mama z czwórką dzieci się ulokowała. W środku, pamiętam, ściany pomalowane na niebiesko, na biało, w mieszkaniu myśmy tak czysto nie mieli, bo kto by w wojnę malował. Nie malowało się. Kobiety się malowały – brwi węglem, usta burakiem.

Sąsiadka przychodzi codziennie. Pije kawę i wypowiada z siebie stare czasy, które zalegają w niej jak fusy na dnie szklanki. Zalewa je setny raz. Wspomnienia są coraz cieńsze, ale ciągle dają się zaparzyć. Dziecko lubi ich słuchać – uczy się o życiu. Już wie: wojna jest wtedy, gdy przed-mioty tracą rozum. Boi się jeść widelcem. Trzyma go z daleka od włosów.

Fork

— We used a fork to brush our hair and we cooked noodles in a kettle. If one of us, and there were four girls, didn't brush her hair in time, she had to wait until her sister took all the noodles out of the kettle with that comb of ours. When the kettle stopped being a noodle pot, you could boil water for tea.

My doll was a rolling pin. There was no butter or sugar so the pin was useless. My aunt burned the doll's eyes with a wire heated over a candle. She put a rag on her head and sewed her a dress. But we didn't have a hammer. When you had to nail a shoe together because it came apart, the doll was undressed and when naked, she was a hammer.

You waited through air raids in the tombs. The gravestones were gorgeous, like houses with basements. You had to take stairs. When one casket was bricked up, it was low and you could sit comfortably. If it was higher — because the caskets were stacked up — it was harder. But the gravedigger would take us to such a grave where a mother with four kids could fit. Inside, I remember, the walls were painted blue and white. Our apartment's walls weren't that clean, who would think of repainting walls during the war? You didn't paint. Women made themselves up — they did their eyebrows with coal and lips with a beet.

The neighbor comes by every day. She drinks her coffee and lets out old times that stick to her like dregs on the bottom of a glass. She pours them over for the hundredth time. The memories are getting thinner but they can still be brewed. The child likes to listen — she learns about life. She already knows: the war is when objects lose their mind. She's afraid of eating with a fork. She keeps the fork away from her hair.

Parapet

Kobiety, zanim wcisną się w kolejkę, sadzają dzieci na parapetach. W mięsnym są duże okna, z których kapią muchy. Odpadają od szyb z przejedzenia i starości. Leżą i schną. Z much można dużo zrobić. Te z błyszczącymi skrzydłami układać jak korale. Tłustymi celować w chude, strącać na podłogę. Mam ich pełną garść. Kobiety ją dzióbią. Patrzeniem chcą mi wyjeść muchy z ręki. Kobiety są bardzo podobne do kur. Przebierają nogami, chociaż nigdzie nie idą. Wyciągają i opuszczają szyje, żeby widzieć mięso rzucane na pień. Głowy w górę: rozbierają półtusze. Głowy w dół: pstrykają metalowe kulki przy portmonetkach. Kobiety wygrzebują drobne pazurami.

– Dalej, po-po-po-suwać się.

Biorą: nogi, płuca, serce.

– Czyje? – pyta chłopiec, któremu znudziło się liczenie much. Rozciągają się siatki z ny-lonowej przędzy. Brzuchy i piersi popychają plecy.

– Po-po-po-suwać.

Pierwsze w kolejce widzą ceny – „po-po -po ile" podają do tyłu ślepej reszcie. Kwoka chce bez kolejki. Ma pod sukienką pokaźne jajo.

– Przepuśćcie ją, jeszcze nam tu zniesie.

Postanawiam, że nigdy nie będę kobietą. Jeżeli nawet wyrżną mi się piersi – z czasem wylecą, jak mleczne zęby.

Windowsill

Before taking their place in line, the women sit their children up on the windowsills. At the butcher's, there are large windows, from which flies dribble. They fall off the glass from overeating and old age. They lie and dry up. You can do a number of things with flies. You can arrange the ones with shiny wings like a necklace. You can aim the fat ones at the skinny ones, knock them onto the floor. I have a handful of them. The women peck at them. They want to eat the flies out of my hand with their staring. The women look a lot like hens. They shuffle their feet though they're not going anywhere. They stretch out and lower their necks to see the meat tossed on the stump. Heads up: the half-carcass is dismantled. Heads down: metal marbles rattle in purses. The women scavenge for change with their claws.

— Go on, keep-keep-keep moving.

They get: legs, lungs, hearts.

— Whose? — asks a boy who got tired of counting flies.

Mesh nylon bags are stretching. The stomachs and breasts are pushing the backs.

— Keep-keep-keep moving.

The ones at the top of the line can see the prices — "how much-much-much?", they pass it along to the blind rest. A brood hen wants to jump the line. She has a sizable egg under her dress.

— Let her through, what if she lays it here?

I decide I will never become a woman. Even if my breasts come out, with time, they will fall out like milk teeth.

Zlew

Ojciec nam dorasta. Nie w tym rzecz, że matka zaczęła go golić i kupuje mu większe buty. Chodzi o to, że on chce do świata. Tylko nie wie jak. Myślenie o tym odkłada na później, ale już przymier-za ciało odpowiednie na tę okazję.

Stoi przed lustrem i zbyt szybko zużywa grzebień. Może sądzi, że kierunek, w którym uczesze włosy, wyznaczy też bieg innych rzeczy. Robi przedziałek, jakby stwarzał planetę. Niszczy ją i powstaje nowa. Bardziej na lewo.

Po zbudowaniu wielu marnych światów ojciec dokonuje na głowie tego, który jest właściwy, odkłada grzebień i odpoczywa. Potem bierze się za gładzenie po brzuchu, ale ręce są zbyt małe, żeby wyprasować tyle skóry. Wyglądają jak dłonie lalki doczepione gumkami do guzików przy rękawach koszuli.

Czując, że nie zrobi więcej ponad to, co zostało zrobione, ojciec wspina się na palce i idzie do drzwi. Nie chcą się otworzyć, mimo że z całej siły naciska łokciem na klamkę.

Matka myje garnek, ojciec patrzy na strugę, którą wciąga wir na dnie zlewu. Zazdrości jej, że może uciec z tego domu. On też chciałby zniknąć w odpływie, uchwycony czegoś tak małego, że razem przeszliby przez metalowe oko. Widzi siebie płynącego w ciepłej muszli dopiero co od-cedzonego makaronu, wbitego paznokciami w ogonek jabłka. Ale w tłustym zlewie nie ma nic oprócz wody. Wody nie można się złapać.

Sink

Father is growing up. It's not only that mother has started to shave him and buy him larger size shoes. The world is calling him. But he doesn't know how to get out yet. While he puts off figuring it out, he's trying on a body that would fit the occasion.

He stands in front of the mirror, wearing out his comb too fast. Maybe he thinks the direction he combs his hair will also determine the course of other things. He does his part as if he were creating a planet. He destroys it and another one emerges. More to the left.

Having built many flimsy worlds, father creates the right one on his head, puts away the comb and rests. Later, he moves on to stroke his belly but his hands are too small to iron out all that skin. They look like a doll's hands attached with a rubber band to the buttons on his shirtsleeves.

Feeling that he won't achieve any more than what has already been achieved, father tiptoes to the door. It won't open, even though he presses on the handle with his elbow as hard as he can.

Mother is washing a pot, father looks at the stream being sucked by a whirl on the bottom of the sink. He envies that it can escape this house. He too would like to disappear down the drain, clinging to something so small that they would both pass through the metal eye. He can see himself swimming in the warm conch of the freshly drained pasta, digging his nails into an apple stem. But there is nothing in the greasy sink apart from water. And you can't grab onto water.

Poduszka do igieł

Dziecko martwi się, bo nie umie nakarmić kamienia. Nie dlatego, że nie znajduje w nim ust. Wie – cały jest ustami. Nie wie, do czego je przystawić, żeby chciały jeść.

Idzie do kuchni prosić o wyszczerbiony spodek, z którego pił kot. Pociąga za fartuch, raz, drugi, tak puka do uwagi matki. Otwarte – na moment wykrojony z siekanego mięsa. Dziecko pokazuje spodek, całe jest proszeniem.

– Weź.

Matka wraca do taktowania nożem w deskę. Taktuje na dwa.

– Tylko się nie skalecz.

Robi to, zanim minie próg. Za mocno przyciska kciuk do szklanej szczerby. Ma krew uzbieraną na koci spodek.

Teraz niesie kamień. Tak ostrożnie niosło tylko pisklę. Kuca i kładzie go na brzegu spodka. Popycha delikatnie, jak ślepe zwierzę, żeby się przesunął tam, gdzie leży krew. Toczy się i krzepnie. Nie ruszy.

Dziecko prosi o poduszkę. Tę, która była igieł, teraz jest ni-kogo, starą i pokłutą. W nocy, kiedy jest ciemność, kładzie na niej kamień. Daje mu skórę chleba. Obok kładzie siebie. Czeka.

Białe przy skórze – chlebowy miąższ – jest jedynym, co świeci. Dziecko wie, skądś wie, że noc jest ciężka, dociąża każdą rzecz: węgiel w wiadrze, guzik, nitkę i powiekę. Noc ma odważniki. Skóra chleba wciąż świeci, nieruszona.

Dziecko nie może spać. Boi się, że nie rozpozna, kiedy kamień umrze. Będzie nosić w ręce martwy, do martwego mówić, leżeć w łóżku z umarłym. Boi się, że on umrze, bo nic nie je.

– Mamo.

Nie wolno budzić matki, na której noc stawia odważnik.

Needle cushion

The child is worried because she can't feed the stone. Not because she doesn't know where its mouth is. She knows — it's all mouth. She doesn't know what to offer it so it would eat.

She goes to the kitchen to ask for a chipped saucer from which a cat drank. She pulls at the apron once, twice, that's how she knocks at mother's attention. It's open — for a moment sliced out of minced meat. The child points to the saucer, her entire body is saying please.

— Take it.

Mother goes back to beating the knife into the cutting board. The beat is in two.

— Don't cut yourself.

She does so before she gets to the doorstep. She presses her thumb too tightly to the glass chip. She collected some blood in the feline saucer.

Now, she's carrying the stone. Aside from a chick, she'd never carried anything so gingerly. She squats and puts it on the edge of the saucer. She gives it a little nudge as if it were a blind animal, to direct it to the blood. It rolls and stiffens. It won't touch it.

The child asks for a cushion. The one that belonged to the needles but now it's nobody's, old and prickled. At night, when there's darkness, she puts the stone on top of it. She gives it some bread crust and lays down next to it. And waits.

The white by the crust — the bread's flesh — is the only thing that gives light. The child knows, somehow she knows, that the night is heavy and makes every object a little heavier: the coal in the bucket, a button, thread and eyelid. The night has makeweights. The crust keeps on shining, untouched.

The child can't sleep. She's afraid that if the stone dies, she'll miss that moment. That she will carry a dead stone, talk to a dead stone and lie in the bed with the dead. She's afraid that it will die because it won't eat.

— Mom.

You mustn't wake up mother when the night is putting weights on her.

Kieszenie

Pewnego dnia ojciec znalazł ręce. Swoje własne. Były schowane w kieszeniach płaszcza. Prawa ściśnięta bardziej, lewa mniej.

Prawą wyciągnął najpierw. Zrobił to, łapiąc zębami za skórę. Upuścił rękę na podłogę, zabolało. Nogą obrócił na grzbiet, rozłożył pięść na pięć palców. Przed użyciem wypadało je przet-rzeć, zrobił to kolanem we flanelowej nogawce. Lewą rękę wyszarpnął z kieszeni razem z kawałki-em podszewki, której się czepiła. Rozpostarł siłą, założył i domył.

Po kilku dniach bycia na miejscu ręce jadły, piły i pstrykały palcami. Za jakiś czas zachciało im się bić. Wtedy ojciec pokazał im mnie.

Pockets

One day, father found hands. His own. They were put away in a coat pocket. The right hand just a little tighter than the left.

First, he took out the right one. He did it by pulling the skin with his teeth. He dropped the hand to the floor, it hurt. He turned it on its back with his foot, and unfolded the fist into fingers. Before the first use, it'd better be wiped. He did it with a knee dressed in a flannel pant leg. He plucked the right hand out of the pocket along with a piece of lining it held on to. He spread it forcefully, put it on and cleaned it up.

After several days of being in place, the hands ate, drank and snapped their fingers. After a while, they felt like beating. That's when father showed them to me.

Siatka

Dziecko chce mieszkać w suczym brzuchu. Rodzić się w nocy, być lizane z krwi, rano wracać: czołgać się do domu przez tunel w psie. W kieszeni ma chleb ze smalcem, stoi przy drucianej siatce i czeka. Kiedy stoi się dostatec-znie długo, zwierzę przychodzi. Tylko po chleb, bo nie chce, żeby człowiek, nawet mały, wprowa-dzał mu się do środka.

– Będę w tobie grzeczna.

Suka chce jeść, ale nie jest do wynajęcia. Łyka chleb i toczy się w dół ulicy, stara i wytarta na bokach. Przez kolejne dni wraca i patrzy na kieszeń, z której w obie strony wyrasta dziecko.

– Zdejmę buty, nie pobrudzę cię.

Suka odchodzi, gdy zliże okruchy z chodnika.

Po kilku tygodniach palec przerzucony przez metalowe oko na drugą stronę siatki drapie psi łeb tak długo, aż opuszka pokrywa się czarną mąką. Suka zamyka oczy, może nawet śpi oparta o płot. Wtedy dziecko myśli, jak układa się w brzuchu wyściełanym sierścią. Jak brzuch zabiera je, gdzie nigdy nie było.

Kiedy kończy się lato, suka przestaje przychodzić. Dziecko wytrzepuje kieszeń z okruchów. Od psich myśli ma zaropiałe oczy i wydrapane na czerwono placki.

– Nie podchodźcie do niej – mówią. – Śmierdzi budą.

Fence

The child wants to move inside a bitch's belly. She wants to be born at night, have blood licked off of her only to return in the morning: crawl back home through a tunnel in the dog.

Bread with lard in her pocket, the child is standing and waiting by the wire fence. If you wait long enough, the animal comes. Only for the bread because it doesn't want a human, even a tiny one, to move inside it.

— I'll be good if you let me in.

The bitch wants food but she isn't for rent. She wolfs down the bread and rolls down the street, old and mangy on the sides. Every day, she comes back and stares at the pocket to which a child is attached.

— I'll take my shoes off, I won't make you dirty.

The bitch leaves once she licks crumbs off the sidewalk.

Several weeks later, a finger threaded through a metal eye onto the other side of the fence is scratching the dog's head until her fingertip is covered with black dust. The bitch closes her eyes, maybe she's even asleep leaning against the fence. The child imagines herself nestling inside her belly lined with hair. The belly takes her where she's never been before.

When the summer is over, the bitch stops coming. The child shakes the crumbs out of her pocket. The doggie thoughts gave her pink eye and itchy splotches.

— Stay away from her — people say. — She smells of mutt.

Bryła gliny

Dziecko przystawiało kamień do wielu rzeczy, ale żadnej nie ubywało. A skoro miały siebie ciągle tyle samo, znaczyło to, że nie są dla niego jadalne.

Wtedy dziecko znalazło wgłębienie pod językiem, włożyło tam kamień i nie stało się przez to cięższe. Poczuło, że jest go mniej. Nie tak mniej, jak jest się mniej, bo się żyje i zużywa życie. Tak mniej, jak się coś z siebie daje.

Dziecko szło po ogrodzie i patrzyło na to, czym był. Kamień jadł ten widok razem z dziecki-em, które już wiedziało: wyżywi kamień czymkolwiek, co przejdzie przez zmysły. Nawet bryłą gliny, jeśli na nią popatrzy, zwykłą trawą – jeśli jej dotknie. Może nawet samym myśleniem o trawie.

Chunk of clay

The child has offered many things to the stone but none of them diminished. And since they had the same amount of themselves, this meant that it didn't find them edible.

That's when the child found a dip underneath her tongue, put the stone there and wasn't any heavier for it. She felt there was less of her. Not less in the sense that you live and use up life. Less because you give away a piece of yourself.

The child walked around the garden and studied it. The stone ate that view up along with the child who already knew: she will feed the stone on anything that will come through her senses. Even a chunk of clay, if she looks at it — ordinary grass, if she touches it. Perhaps, by merely thinking about grass.

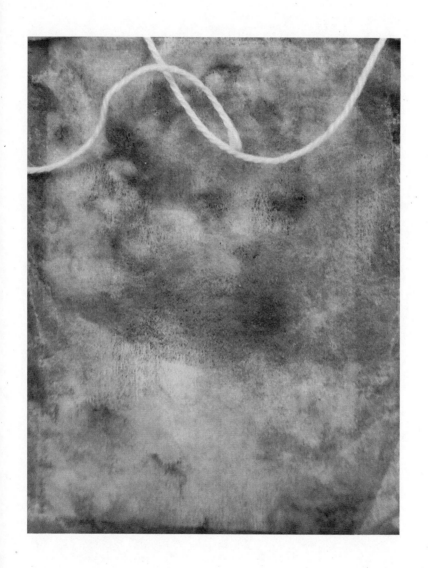

Naftalina

W szafie wietrzeją bryłki naftaliny. Jedne mają ostre brzegi, inne są zaokrąglone, bo prababka ssała je jak kostki cukru.

– Ty też cyckaj, bo cię zjedzą od środka – mówiła i rozcierała mola na szarozłoty proszek. – Kto się za młodu naje naftaliny, ten na starość nie będzie dziurawy.

Zanim prababka zagnieździła się w szafie, znosiła tam wykradane jedzenie. Po jej śmierci znajdowaliśmy w ubraniach kaszę i orzechy, w czubkach butów wypchanych gazetami – gruby cukier kryształ do posypywania ciast.

Kiedyś, długo po tym, jak szafa została posprzątana, babka założyła prochowiec, a gdy wyciągnęła rękę z kieszeni, pokazała nam nadgryzioną bułkę.

– Patrzcie: mama – powiedziała takim tonem, jakby spotkała kogoś, kto przepadł bez śladu.

Wzięła ścierkę, zawinęła w nią bułkę i rozłupała ją trzonem noża. Równo podzieliła pomiędzy nas prababkę odnalezioną pod postacią pieczywa.

Prababka nigdy nie zabrała mnie do szafy, chociaż o to prosiłam. Tylko podglądałam, jak do niej wchodziła – zawsze boso. Otwierała środkowe drzwi, rozsuwała ubrania między futrem a drelichowym płaszczem. Kładła prawą nogę na stopniu zawieszonym dwadzieścia centymetrów nad ziemią, chwytała drąg z wieszakami i trzymając się go, ciągnęła lewą w górę. Był to najdłużej stawiany krok, jaki widziałam. Po zrobieniu go długo odpoczywała. Potem zamykała drzwi, holując je – aż do zatrzaśnięcia – na sznurku, który do nich przyczepiła. Później, tak wtedy myślałam, szła przez naftalinową ciemność.

Mothballs

Lumps of naphthalene are drying up in the wardrobe. Some have sharp edges, others round because great-grandmother sucked on them like sugar cubes.

— Pop one in or else they'll eat you from inside — she'd say and grind a moth into gold-and-gray dust. — A mothball a day when you're young will keep you from getting holes in old age.

Before great-grandmother made a nest in the closet, this is where she'd stashed stolen food. After she was gone, we'd find buckwheat and nuts inside the clothes, and coarse sugar in shoe tips stuffed with old newspapers.

One time, long after the closet had been cleaned out, grand-mother put on a trench coat, and when she took her hand out of the pocket, she showed us a nibbled bread roll.

— Look: mama — she said as if she bumped into someone who'd disappeared into thin air.

She wrapped the roll in a cloth and cracked it with a knife handle. We each got a chunk of great-grandmother recovered in bread form.

Despite my requests, great-grandmother never let me join her in the wardrobe. I could only watch her climb in — always barefoot. She opened the middle door, pushed apart the clothes between the fur and a denim coat. She plopped her right foot on a step suspended eight inches above the ground, grabbed the rod with the hangers and, holding onto it, she dragged her left foot. It was the longest step I've ever seen. After she took it, she rested for a long while. Next, she closed the door, pulling it with a rope — which she had attached to it — until it slammed shut. Then, I imagined, she walked into the mothball darkness.

Popiół

– Smakuje ci chryzantema? – zapytało dziecko kamień i włożyło do ust płatki zbite w kulkę podobną do miniaturowej kapusty. Każda chryzantema miała taką w środku, ta jednak była na-jokrąglejsza i najbardziej złota. Chrupała jak kapusta, ale smakowała cmentarzem.

– Gorące – dziecko wsadziło palec w szarą górę, która usypy-wała się w popielniku.

– Mróz – powiedziało i polizało oszronioną furtkę. – Krew – dodało.

Poczęstowało się ziemią, a gdy ją przeżuło, powiedziało:

– Czarne.

Pisało patykiem na ciele: „czereśnie", „czarodzieje", „poranki". Ze znikających ze skóry słów można było powyjmować mniejsze. Tym samym patykiem wydłubać śnienie z czereśni.

Tak dziecko karmiło kamień, żeby żył.

Ash

— How do you like the chrysanthemum? — the child asked the stone and chewed on petals arranged into a tight ball resembling a miniature cabbage. Each chrysanthemum had one like that in the center, but this one was the roundest and most golden. It crunched like cabbage but tasted like cemetery.

— Hot — the child poked its finger into a gray mount that formed in the ash pan.

— Cold — she said and licked a frosted gate.

— Blood — she added.

She helped herself to soil and after chewing it, she said:

— Black.

She used a stick to spell on her body: "blackcurrants," "wizards," "mornings." The words vanishing from the skin left behind smaller ones. With the same stick, you could pick ants from blackcurrants.

That's how the child fed the stone so it could live.

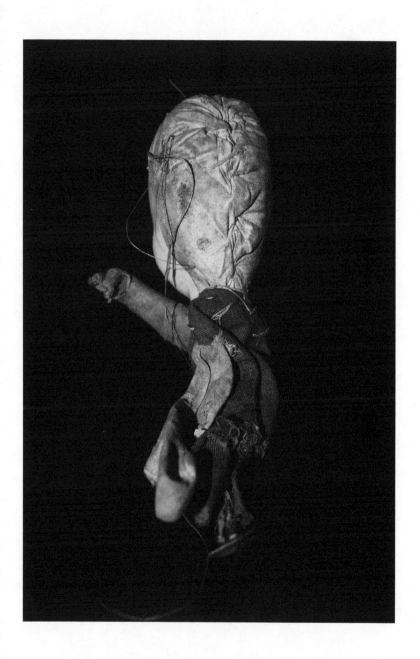

Próg

Moje nogi chodzą po pokoju. Ręce bronią dostępu do uszu. Mam zamknięte oczy. Chodzę z zamkniętymi. Ściany, o które uderzam, mówią: odwróć się w porę i idź w drugą stronę, inaczej zgnijesz od sińców jak jabłko. To się musi skończyć, ale teraz się dzieje. Niech ktoś popędzi „teraz" batem w przód. Niech zamilkną ryby zarzynane na progu.

W mieszkaniu jest tylko jeden. Ten za drzwiami wejściowymi się nie liczy. Nie należy do nas, tylko do świata. W domu z jednym progiem jest za mało miejsca, żeby się schować. Nie słyszeć tępej, chrzęstnej mowy karpi, którym ucina się łby.

Próg jest szeroki – przedwojenna robota. Wolą zarzynać na nim niż na stole. Ze stołu ryba lubi się ześlizgnąć – na progu można zrobić użytek z kolana. Na progu nie trzeba marnować gazety. Próg łatwo myje się z krwi. Próg nie będzie brzydszy przez blizny po nożu.

Moje nogi nigdzie już nie pójdą. Związał je w kostkach paskiem od szlafroka. Moje usta krzyczą w jego rękę, ale to, co krzyczę, nie wnika mu w krwiobieg. Dziecko nie może błagać o łaskę dla ryby, którą niedawno nakarmiło chlebem. Którą rano ochrzciło. Ojciec nie słucha, umie tylko trzymać. Wie, gdzie ucisnąć, żeby zatamować krzyk. Matka nie dałaby rady, ona ciężko pracuje na progu.

Co zrobić z chwilą, która nie chce iść? Utknęła tu jak ostrze w pół głowy. Nie chce przechodzić, mimo że się prze. Prze się na trzonek nieostrego noża. Trzeba się na czymś zaprzeć, żeby dobrze przeć. Włożyć palce w skrzela, rozewrzeć – i teraz – jednym mocnym ruchem urodzić śmierć ryby.

Jak cicho. Odejmuje rękę. Bardzo cicho. Ściąga mi z nóg pasek. Wychodzi z pokoju. Mój ojciec zwyczajnie przechodzi przez próg.

Doorstep

My legs are pacing the room. My hands are shielding my ears. I have my eyes closed. I'm walking with my eyes closed. I'm bouncing off the walls, which say: turn around and go the other way or you'll rot from bruises like an apple. This has to end but is happening now. Why can't someone rush "now" into the future? Let it be over for the fish being butchered on the doorstep.

There is only one in the apartment. The one outside the door doesn't count. It belongs to the world, not us. In a home with one doorstep, there is no hiding. You can't escape the blunt, cartilaginous speak of the carp that are having their heads cut off.

The doorstep is wide — solid, prewar craftsmanship. They'd rather butcher them there than on the table. The fish may slip off the table — on the doorstep, you can use your knee. On the doorstep, you don't need to waste the newspaper. You can easily wash blood off the doorstep. The doorstep won't be any uglier with the knife scars.

My legs won't go anywhere. He tied them up at the ankles with a bathrobe belt. My mouth is screaming into his hand but what I'm screaming doesn't enter his blood flow. The child can't beg for mercy for the fish that she has just fed bread. That she christened that morning. Father isn't listening, he only knows how to hold down. He knows where to press to stem the scream. Mother couldn't do that, she's working hard at the doorstep.

What can you do with a moment that won't go away? It's stuck here like a blade half inside a skull. It won't go through, even though you're pushing. You're pushing onto the handle of a blunt knife. You have to buttress yourself against something to push well. To put your fingers in the gills, spread them — and now — in one forceful motion, give birth to a fish's death.

So quiet. He removes his hand. Very quiet. The belt comes off my ankles. He leaves the room. My father simply walks over the doorstep.

Worek

Zwierzęta śpią płytko pod powierzchnią siebie. Człowiek idzie spać dalej niż za skórę i krew.

Dziecko patrzy na nagich ludzi, którym sen skleił oczy i otworzył usta. Wie, że nie wolno tak patrzeć. Tak się kradnie, nie patrzy. Ciało matki to ciasto – kipi na ojca, który leży jak worek. Chodzi po nim ćma. Nikt jej nie zgoni. Nikogo tu nie ma.

Wyszli z siebie na gładszych nogach niż te rozrzucone byle jak po pościeli. Tam, gdzie są, trzymają się za bielsze ręce. Te ręce nie pocą się im cebulą. Mają dziewczynkę, której nie trzeba naciskać na brzuch, żeby coś mówiła. Toczą ją przed sobą na popychanym kiju rowerze. Przywiązali mu do kierownicy balon. Dziewczynka się uśmiecha. Ma w ustach różowy język i dużo białych zębów.

Dziecko stoi nad łóżkiem, trzyma grzebień. Chciałoby znaleźć w ciałach i zatrzasnąć drzwi, które da się otworzyć jedynie od strony świata. Matka i ojciec waliliby w nie pięściami od strony snu, ale dziecko słyszałoby tylko ćmę uwijającą się między ciastem a workiem. Dziecko czesałoby włosy.

Sack

Animals sleep shallowly underneath their surface. A human goes to sleep farther beyond the skin and blood.

The child is staring at the naked people. Sleep glued their eyelids together and opened their mouths. She knows you mustn't stare. It's stealing, not looking. Mother's body is dough — it's spilling over father who's lying there like a sack. A moth has landed on him. No one will shoo it away. There's no one here.

They exited their bodies on silkier legs than those sprawled on the covers. In that place, the hands they're holding are fairer. Those hands don't smell of onions when they sweat. They have a girl who doesn't need to be pressed on her stomach to make her speak. They push her on a bike in front of them. There's a balloon tied to the bar handle. The girl is smiling. Her mouth reveals a pink tongue and lots of white teeth.

The child is standing over the bed, holding a comb. She would love to find and shut the door on the bodies that can only be opened from the side of the world. Mother and father would pound on it from the side of the dream but the child would only hear the moth busying between the dough and the sack. The child would comb some hair.

Statek

Dziecko wzięło stołową łyżkę i poszło kopać grób resztkom ryby. Nie był to dobry pochówek, bo nie szyty na miarę, zbyt obco skrojony. Droga z wody przez powietrze do ziemi wydaje się zbyt długa, nawet jak na ostatnią.

Smutek wyciągnął się na leżaku i czytał.

– Jak to jest – zapytał, składając gazetę – że ty w ogóle nie potrafisz płakać? Nie jesteś przecież zwierzęciem, tylko małym człowiekiem, powinnaś mieć tę sztukę w małym palcu. Zobacz-my, czy czasem nie płaczesz do środka.

Otworzył dziecku usta, w których po chwili wezbrała woda, przelała się i nie przestawała spa-dać po brodzie. Smutek przyłożył do niej palec i oblizał:

– Słone. Jest tak, jak myślałem.

Oderwał kawałek gazety, zagniótł w statek, włożył do niego mrówkę i zwodował w ciągle ot-wartych ustach.

– Tak – powiedział, patrząc, jak papier nasiąka, a mrówka wspina się na żagiel. – Tak – powtórzył, a miało to znaczyć tyle co westchnienie nad pięknem stworzonej przed chwilą figury.

Po jakimś czasie wyrzuciło statek na brzeg ust. Mrówka suszyła się przy nich dopóty, dopóki nie była w stanie przebierać nogami. Później poszła w dół. Gdy dziecko wylało już wszystkie zaległe łzy, smutek powiedział:

– Teraz nauczę cię, jak się płacze. Jeśli tego nie pojmiesz, możesz utopić się w sobie.

Ship

The child took a tablespoon and went to dig a grave for the fish remains. It wasn't a good burial because it wasn't tailor-made, was too one-size-fits-all. The journey from the water through the air in to the ground seems too long, even for the last one.

Sorrow stretched out on a lounger, reading.

— How come — it asked, folding the newspaper — you can't shed a tear? You're not an animal, but a little person, you should have this skill at your fingertips. Let's see, maybe you're crying inward.

It opened the child's mouth, where water soon swelled, over-flowed and continued to fall down her chin. Sorrow dipped its finger and licked it:

— Salty. I thought as much.

It tore a newspaper scrap, creased it into a sailboat, put an ant in it and launched it in the gaping mouth.

— Yes — it said, watching the paper get soaked and the ant climb up the sail. — Yes — it repeated, and it meant as much as a sigh over the beauty of a newly created form.

Some time later, the sailboat washed ashore the lips. The ant was drying itself by them until it could wiggle its legs. Then, it traveled down. When the child had cried all the overdue tears, sorrow said:

— Now, I'll teach you how to cry. If you can't do this, you may drown in yourself.

Patyk

Ten człowiek kłapie piętami, bo nosi za duże nogi po kimś z rodziny. Oczy ma całkiem nie do pary. Usta założył na lewą stronę, więc mówi sobie w brzuch. Tyle razy strzelali mu w plecy śliną, że dawno powinien nie żyć.

– Głupek – wołają za nim, a „u" ciągnie się jak mordoklejka. Świat jest z głupkiem na ty. Ja mówię: pan głupek.

Mieszka tak bardzo wszędzie, że nikt nie potrafi powiedzieć gdzie. Ci, którzy jeżdżą za miasto, mówią, że wystaje przy drogach jak słup. Gdy idzie, rozdziawia i zamyka usta, jakby nie posuwał się po ziemi, tylko przegryzał przez powietrze. Często widuje się pana głupka w towarzystwie much, które całują go w resztki czegoś do jedzenia.

Teraz jest tu – na małym skwerze obok sklepu. Stoi w nim matka, ja czekam przed drzwiami i patrzę: pan głupek wyjmuje patyk spod rękawa swetra i rysuje w powietrzu kreskę. Bardzo wolno. Tak samo wolno idzie kolumna mrówek – przechodzą z jednego trawnika na drugi. Maszerują, jak im kreśli patyk, który później zajmuje się wiatrem: gdzie mu pokaże, tam zawieje. Po chwili patyk celuje w chmury. Przesuwa je z miejsca na miejsce, choć nie ma zamiaru zrobić deszczu czy słońca, ot tak.

Gdy panu głupkowi znudziły się obłoki, pokazywał na liście, i te, które pokazał, spadały. Na końcu wycelował patykiem w człowieka siedzącego na ławce: tamten powoli przechylił się na bok i zasnął.

Widziałam, chociaż nikt mi nie wierzył: pan głupek stał na skwerze i dyrygował światem. Kiedy się zmęczył, schował patyk w nogawkę spodni i poszedł.

Stick

This man snaps his heels because he wears hand-me-down feet that are too big. His eyes don't match one another. He wears his lips inside out, so he speaks into his stomach. People have shot spit at his back so many times that he should be dead by now.

— Fool — they cry after him, and the "oo" draws out like fudge. The world is on a first-name basis with fools. I say: Mr. Fool.

He lives so much here and there that no one knows where exactly. Those who drive outside the city say that he hangs around the road like a post. Wherever he goes, he opens and shuts his mouth as if he wasn't moving on land, but biting his way through the air. You often see Mr. Fool accompanied by flies that kiss him on some food leftovers.

Now, he's here — on a little square by the store. Mother's inside, I'm waiting by the door, watching: Mr. Fool takes a stick out of his sweater sleeve and draws a line in the air. Very slowly. A row of ants is moving just as slowly — they're crossing from one lawn to another. They're marching as the stick tells them, then it moves on to the wind: where the stick points, the wind blows. After a while, the stick aims at the clouds. It moves them from place to place, although it has no real designs on rain or sunshine.

When Mr. Fool got bored with the clouds, he pointed at leaves, and they fell. Finally, he aimed the stick at a man sitting on a bench: he slowly heaved to the side and fell asleep.

Although no one believed me, I saw it: Mr. Fool stood in the square and conducted the world. When he got weary, he put the stick away into his pant leg and left.

Kłębek

Nagła rewizja z nakazem. Przeszukują usta: inspektor wskazujący i inspektor kciuk. Obaj tłuści, czuć ich tytoniem i moczem. Zwijają język, podważają dziąsła, gotowi przesuwać zęby, byleby coś znaleźć. Ktoś tu schował słowo. Złe słowo o ojcu. On wie, że je mam.

– Wypluj. Takie słowa psują się w ustach. Chcesz, żeby ci tam zgniło?

Nie da się wytrząsnąć słów z dziecka, ale on próbuje. Jak z worka wytrząsa się ostatni ziemniak, okruchy z kieszeni, w gardło resztkę wódki. Zmęczył się. Ważę więcej niż worek, pod-szewka, butelka.

Stawia mnie na krześle. Jestem postawiona. Mam tylko jeden but, drugi spadł. On ma drugi. Stary, ale sprężysty, z gumową podeszwą.

– Powiedz to jak wierszyk, to, co powiedziałaś. Powiedz tyle razy, ile masz palców u ręki.

Ojciec nosi w kieszeni czerwony kłębek. Lubi namotać na niego nitkę czyjejś krwi. Ten kłębek go świerzbi. Właśnie go wyjmuje. W jednej ręce kłębek, w drugiej but. But, który się pręży gotowy do skoku. Skacze mi do twarzy. Depcze mnie mój but. Do podeszwy przykleiła się czer-wona nitka. Ojciec nawija ją wolno na kłębek. To go uspokaja.

Ball of yarn

An unexpected search with a warrant. They're raiding my mouth: Inspector Index and Inspector Thumb. Both greasy, smell of tobacco and urine. They're rolling up my tongue, pry away my gums, ready to move my teeth only to find something. Someone's hidden a word here. A bad word about father. He knows I have it.

— Spit it out. Such words rot in your mouth. You want it to rot in there?

You can't shake words out of a child but he's trying. The way you shake the last potato out of a sack, crumbs out of a pocket, the last drops of vodka into your throat. I weigh more than a sack, pocket lining or bottle.

He puts me up on a chair. I'm put. I only have one shoe, the other one fell off. He has it. It's old but bouncy, with a rubber sole.

— Say it like a nursery rhyme, what you said before. Say it as many times as you have fingers.

Father carries around a red ball of yarn in his pocket. He likes to wind a thread of someone's blood on it. The ball of yarn is itching him. He's taking it out. He's holding the ball in one hand, the shoe in the other. The shoe is flexing, ready to pounce. It jumps to my face. My shoe is trampling me. A red thread sticks to the sole. Father is slowly reeling it onto the ball. It calms him down.

Ziemia

Czasem prosi go, żeby trochę poumierali. Tak trochę jak soli się jajko.

– Gdzie to zrobimy? – pyta smutek.

Dziecko chce umierać na ziemi. Bierze go za rękę i prowadzi za grządki cynii, tam, gdzie jest czarno po wyrwanych kwiatach. Układa ciało, uklepuje grudy łopatkami podobnymi do skrzydeł oskubanej kury. Od dołu idzie zgniły przeciąg, ziemia jest mięsożerna, czuć jej z ust człowiekiem.

Dziecko nie umie widzieć grobu ciemnym, wyobraźnia za-wsze zapala w nim światło. Jak długo są tam włosy, które można czesać? Źrenice, sznurówki, coś tak cienkiego jak pończocha czy skóra, kruchego jak okulary?

Dziecko prosi smutek, żeby robił, co do niego należy – zaplótł ręce, opuścił kąciki ust, rzucił na kolana kilka mleczy. Ono słyszało – kiedy ludzie umierają, wołają matkę. Wtedy wiadomo, że to już, że się zbierają. Chciałoby teraz zawołać „mamo", ale boi się, że ona przyjdzie z miską pełną brudów i będzie pocierać o nie szarym mydłem. Przywlecze łyżki, noże i deski, żeby wystukać na nich obiad dla dwóch osób. Będzie skrobać rybę, zdejmować śmietanę z mleka. Pocić się, ale nie płakać. Może nawet siądzie, lecz nie dotknie.

– Trzeba ściąć parę cynii – powie.

Dlatego dziecko umiera trochę. Umierać więcej trzeba mieć dla kogo.

Ground

Sometimes she asks if they can die a little. Only a pinch, like salt on a soft-boiled egg.

— Where do you want to do this? — sorrow asks.

The child wants to die on the ground. She takes it by the hand and walks it behind the zinnia patches, where the ground is black from flowers that had been pulled out. She arranges her body, flattening the clumps with her shoulder blades that look like the wings of a plucked hen. Rotten draught comes from below, the ground is carnivorous, its breath smells of human.

The child can't imagine a grave in darkness, imagination always turns on a light there. How long does hair stay there? Can you still comb it? Pupils, shoelaces, something as thin as a stocking or skin, as fragile as glasses?

The child asks sorrow to do its part — lock its hands, lower the corners of its mouth, throw a handful of dandelions at its knees. She once heard — when people die, they call for their mothers. That's when you know this is it, they're wrapping it up. She'd like to call "mama" but she's afraid that she will come with a bowl of dirty water and scrub her with gray soap. She'll bring along her spoons, knives and cutting boards to punch out a lunch for two. She'll be scaling fish, skimming milk. Sweating but not crying. Maybe she'll even sit down, but she won't touch.

— A few zinnias need cutting — she'll say.

That's why the child only dies a little. To die more, you need to have someone.

Stół

Stół stał w polu – tak wielki, że nie przeszedłby przez żadne drzwi czy okno. Do niego dziadek dobudował dom. Musiało to być na samym początku istnienia, tam gdzie pamięć o sobie ma pępek.

Dziecko unosiło rękę nad głowę i ciągnąc pięć palców po drewnianym blacie, szło tak daleko, że zasypiało w drodze. Gdy budziło się, nie miało pewności, w którym świecie zostawiło stół: tam, gdzie się śniło o chodzeniu, czy tam, gdzie się zasypiało, chodząc.

– Jest przedwieczny – mówił dziadek i kładł rękę na blacie. – Pod każdą nogą ma korzeń szeroki jak dorosły człowiek w pasie. Przyłóż tu ucho – pokazywał sęk – a usłyszysz, jak stół pije wodę z ziemi.

Dziecko słuchało: szemrał i skrzypiał, pewnie jeszcze rósł. Babka położyła na blacie garnek, koc do prasowania, wódkęi nici. Dziadek w czasie kłótni uderzył go pięścią. Stół tracił przed-wieczność. Kurczył się. Wędrówki wokół niego nie zajmowały już godzin, starczały chwile, żeby go obejść. Wtedy dziecko złożyło mu wizytę. Okryło ze wszystkich stron kocem: w ciemności znalazło przerwę w kurtynie.

Zapach drewna był niski i słodki. Przypominał zeschnięte pierniki. Dziecko miało na sobie tylko koszulę, ale nie czuło zimna. Stół dawał ciepło, chociaż w dotyku był szorstki. Na drewnie nie dało się wymacać śladów sklejenia czy zbicia. Stół był stworzony. Dziadek przecież mówił: przedwieczny.

Tamtej nocy dziecko kładło się w twierdzy. Bezpieczne spało pod osłoną stołu.

Table

The table stood in the field — it was so big that it wouldn't have fitted through any door or window. Grandfather built a house around it. It must have been in the very beginning of existence, when self-consciousness had a belly button.

The child used to lift her hand over her head and, dragging all her fingers across the wooden tabletop, she would go so far that she'd fall asleep midway. When she woke up, she wasn't sure in which world she left the table: the one where she dreamed about walking, or the one, where she fell asleep walking.

— It's primeval — grandfather would say and put his hand on the tabletop — Under each leg, there is a root, wide as a grown man's waist. Put your ear here — he pointed at a gnarl — and you'll hear the table drinking water from the earth.

The child listened: it murmured and creaked, it was probably still growing.

Grandmother put a pot, an ironing blanket, vodka and threads on the table. In arguments, grandfather pounded it with his fist. The table was losing its primevalness. It was shrinking. Wanders around it would no longer take hours, you could make a lap around it in moments. That's when the child paid it a visit. She covered it with a blanket from all sides: in the darkness, she found a gap in the curtain.

The smell of the wood was deep and sweet. It reminded her of dry gingerbread. The child wore nothing but a nightdress and yet she didn't feel cold. The table gave off warmth, although it was rough to the touch. The wood didn't seem to have any traces of glue or nails. The table was created. Grandfather did say: primeval.

That night, the child went to bed in a fortress. She slept safely guarded by the table.

Pióro

– Czy nie wiesz, gdzie są martwe ptaki? – zapytało dziecko kamień, bo nikt, kogo pytało wcześniej, nie wiedział. Nie grzebie się ich i nie grzebią się same, więc powinny leżeć na ziemi. A że jest ich dużo jak ludzi, powinny leżeć jeden obok drugiego. Jeśli nie jeden na drugim. Nie tylko pod drzewami, ale też na chodnikach i ulicach, bo ptaki na pewno potrafią umrzeć w locie, skoro ludzie mogą robić to, idąc. Nie jest to coś, do czego koniecznie trzeba się zatrzymać.

– Więc gdzie? – spytało dziecko, bo w całym ogrodzie nie było ani jednego ciała, z którego wyprowadził się ptak. Było tylko pióro. Dziecko dotknęło się nim i pomyślało, że wszystkie ptaki, które umarły w powietrzu, nie spadły. Zrobiły się lżejsze o siebie i zawisły.

Dlatego może zdarzyć się grad bębniący o dachy wróblami albo czarny deszcz, który wypłucze z góry wszystkie wrony. Albo taka zima, że trzeba będzie odśnieżać gołębie. Może też nic się nie zdarzy i martwe zwierzęta zostaną w niebie, a ludzie na ziemi.

Feather

— Do you know where the dead birds are? — the child asked the stone because no one else she'd asked knew. You don't bury them and they don't bury themselves so they should be lying on the ground. And since there are as many of them as people, you should see one lying next to another. If not one on top of another. Not only under trees, but also on sidewalks and streets, because birds surely can die midair if people can do it walking. It's not something you need to stop for.

— So, where are they? — the child asked because in the entire garden, there was not a single body vacated by a bird. There was only a feather. The child touched herself with it and thought that all the birds that died midair didn't fall. They just got extra light and hovered.

That's why there might be hail thumping sparrows against rooftops or black rain that will flush all the crows from the sky. Or a winter when you'll have to plough through pigeons. Or maybe nothing will happen and the dead animals will stay in heaven, and people, on earth.

Nożyczki

Zabawki mają odwracać uwagę dziecka od życia. Palcem wetkniętym pod brodę sterować głową w kierunku leżącej w kącie miniatury świata. Na niej wolno ćwiczyć przemoc, miłość, strach, nie większe niż język z filcu czy oko ze szkła. Nikt nie ukarze grzechu w miniaturze, bo go nie dostrzeże.

Brzuch obierany z kiecki, halki, majtek. Długopis wsadzany w plastikowe krocze: wchodzi do końca, wpada, grzechocze w kadłubie. Oko w głąb łba: guma ssie palec, który pcha i drąży. Trzepie łbem o ścianę, do rytmu uderzeń mruga, patrzy – nie patrzy błękitne oko.

– Spalę ci włosy.

Nienawidzi lalek. Lalki to kobiety i dzieci tych kobiet, lalki są głupie. Nie ma lalek panów.

– Zetnę żółte włosy.

Tnie przy samej skórze. Tępe nożyczki bardzo się mozolą. Nożyczki harują, pocą się w kciuk.

– Baw się, baw – ślepi dorośli dreptczą koło zbrodni. Niosą to i owo na domowym szlaku: cukier, szklankę, ścierkę – chwalą kata za ciszę, że zajął się sobą. W nagrodę dają piętkę chleba. Zjada ją, siedząc okrakiem na rzeźni.

Teraz ogród: na starym ręczniku ciągnie ciała lalek, idzie w kierunku dołu, który wykopało. Spłowiały ręcznik wlecze się za nim jak welon. Dziecko zbyt wcześnie zaślubia się z życiem.

Scissors

Toys are meant to distract a child away from life. With a finger hooked under the chin, they steer the head towards a miniature of the world tossed in the corner. It's OK to practice your violence, love or fear, which are no bigger than a felt tongue or a glass eye. No one will punish a sin in miniature because it's hard to spot.

A belly is peeled off a skirt, petticoat and undies. A pen inserted into a plastic crotch: it goes in all the way, falls in and rattles in the trunk. The eye is pressed inside the noggin: the rubber sucks on the finger that pushes and drills. It smacks its head against the wall, blinking to the rhythm of the blows; a blue eye is looking, then it isn't.

— I'll burn your hair.

She hates dolls. Dolls are the women and children of these women, dolls are stupid. There are no mister dolls.

— I'll cut that yellow hair.

She cuts right at the scalp. The dull scissors are working slowly. The scissors are struggling, sweating into the thumb.

— Go on, play — blind adults waddle around the crime. They carry this and that down the home trail: sugar, a glass, a dishcloth — they praise the executioner for being quiet and playing by herself. She gets a bread heel as a reward. She eats it astride the carnage.

Now the garden: she lugs the bodies of the dolls on an old towel towards a pit, which she had dug out. The faded towel drags behind her like a veil. Too early, the child gets married to life.

Poszewka

Za urżniętymi drzwiami było podejrzanie cicho, aż przyszurała do nich prababka i oznajmiła siedzącym w kuchni, że urodziła. Ktoś przekręcił klucz, żeby mogła wejść. Weszła z wyjętą na koszulę piersią i przystawionym do niej supłem, w który związała poszewkę poduszki. Wszyscy podnieśli głowy znad talerzy i patrzyli na to coś nowo narodzone, czemu pościelowe guziki przez przypadek zrobiły oczy. Prababka nieprzypadkowo celo-wała sutkiem poniżej, tam gdzie człowiek ma usta.

Usiadła przy stole jak madonna, którą powinno się upstrzyć wotami albo przynajmniej pozdrowić. Nikt się nie odezwał. Tylko babka się popłakała – szybko i na sucho.

Wszyscy zaakceptowali niewydarzone dziecko prababki, mimo że nie chciała powiedzieć, z kim je ma. Najpierw twierdziła, że to jej męża.

– On nie żyje, mamusiu – mówiła babka.

– Co z tego? – złościła się, ale wiedziała: kiedy córka stuka się w czoło, trzeba powiedzieć coś innego niż wcześniej. – No to twojego.

– Też nie żyje.

– No to tego tutaj – wściekała się jak zawsze, gdy coś szło nie po jej myśli, i pokazywała raczkującego syna wnuczki.

Kiedy prababka przestała karmić piersią, robiła swojemu dziecku mleko z mąki rozbełtanej w wodzie – coś przy tym śpiewała, mamrotała po swojemu.

– Teraz ty lulaj – mówiła do kogoś z nas, jeśli czuła, że musi iść sama, chociaż nie wiedziała gdzie i po co. Ten ktoś posłusznie kołysał brudną szmatę i nie przestawał tego robić, nawet gdy prababka traciła go z oczu.

Pillowcase

It was a little too quiet behind the sawed-off door until great-grand-mother shuffled towards it and announced to those sitting in the kitchen that she'd given birth. A key was turned so she could come out. She emerged with her breast hanging out her nightgown and a knotted pillowcase attached to it. Everyone lifted their heads over their plates and looked at the newborn that coincidentally had bed linen buttons for eyes. Great-grandmother purposefully aimed her nipple lower, where typically a mouth is.

She sat at the table like a madonna, whom they should adorn with offerings or at least hail. No one said anything. Only grandmother cried — quickly and tearlessly.

Everyone accepted great-grandmother's misfit baby, although she refused to tell whose it was. First, she claimed it was her husband's.

— He's dead, mama — grandmother said.

— So what? — she got annoyed but knew: when her daughter was tapping her forehead, you had to say something different than before. — Then it's your husband's.

— He's dead too.

— Then it's his — she got mad, as always when she didn't get her way, and pointed at her granddaughter's crawling son.

When great-grandmother was done breastfeeding, she made formula for her baby: flour stirred in water — all while singing and muttering to herself.

— Now you do the lulling — she commanded one of us when she felt that she needed to step away, though she didn't know where to or why. The assigned person obediently rocked the dirty rag and didn't stop, even after the great-grandmother wasn't looking.

Okno

To pewnie jest czas – tło, po którym rzeczy przebiegają z jednej strony na drugą. W oknie jadącego pociągu dziecko widzi, jak upływają ptak, las, człowiek przy lesie i liść. Liść zderza się z głową człowieka. Wiatr przyszywa liść do beretu. Człowiek i beret sprawiają, że liść nie mija tak szybko jak ptak. Pociąg staje. Teraz liść pielgrzymuje do czasu przeszłego w rytmie kuśtykającego człowieka.

– Gdyby – myśli dziecko – biec szybciej niż pociąg, można by dogonić wszystko, co było.

Wyobraża sobie, jak wysiada i pędzi w przeciwną stronę niż jadące wagony. A jeśli to potrwa lata? Jeżeli do dziadka jest taki kawał drogi, że dobiegnie do niego siwe i zmarszczone, z mnóstwem brązowych plam na nogach?

Rzeczy za oknem znów ruszyły: domy, płoty i wszystko, co nie jest ludzi, chociaż nikt nie wie czyje. Chmury, drzewa i komary na nogach cieńszych niż rzęsy przechodzą coraz szybciej z jednej strony okna na drugą.

Window

This is what time must be — a background for things to scurry across one side to another. Through the window of a moving train, the child can see a bird, the forest, a man by the forest and a leaf all going by. The leaf crashed into the man's head. The wind sews the leaf onto his beret. The man and the beret make the leaf pass by less quickly than a bird. The train halts. Now the leaf is pilgrimaging back to the past to the rhythm of a limping man.

— If — the child wonders — you ran faster than the train, you could catch up with everything that's gone.

She imagines getting off and dashing in the opposite direction than the moving wagons. And if it takes years? If, by the time she reaches her grandfather, she'll be all gray-haired and wrinkled, with lots of brown spots on her legs?

The things behind the window started moving again: the houses, fences and everything that isn't people's but no one knows whose. The clouds, trees and mosquitos on legs thinner than eyelashes are crossing faster now from one side of the window to another.

Zapałka

Śni się: matka kroi chleb, ojciec mydli pędzel do golenia. Oboje stoją w rozkroku, jakby chcieli nogami zaprzeć się o życie. Ja trzymam zapałkę. Idę boso – więc cicho – niosę im ogień, matce dam pierwszej.

Przeskoczył na nią jak owad, pnie się po łodygach kwiatów na podomce, tuczy na zagonie taniego materiału. Matka przejeżdża rękami po piersiach – chce wytrzeć o nie mąkę z chleba, ale tylko rozsmarowuje po sobie płomień. Jeszcze bierze nóż, nawyk każe jej umoczyć go w maśle, obetrzeć o kromkę i znów. Żuje zwęglony chleb, który strzela w ustach. Patrzy: płomień kradnie drewniane łyżki, plądruje szafki, szybko czyta i od razu wyrzuca gazety. Równo maszeruje szparami w podłodze. Matka się nie dziwi – zna rzeczy, które daje życie. Niektóre zaskakują, inne nie, a wszystkie da się przeczekać. Więc siada i czeka. Siedzi na podłodze coraz bardziej podobna do węgla.

Ojciec nakłada na twarz sadzę zamiast piany. Rozciąga ją pędzlem od obojczyków po oczy. Nie weźmie brzytwy inaczej niż przez mokry ręcznik. Stal syczy, szczecina się topi, ostrze zbiera ze skóry czarny sos. Ojciec opuszcza ręce – szlafrok rozpada się na setki liści popiołu – stoi przed lustrem jak gołe drzewo.

– Dobrze – mówi. Nie chciał umierać nieogolony.

Match

A dream: mother is cutting bread; father is lathering his shaving brush. Both are standing astride as if they wanted to brace their legs against life. I'm holding a match. Walking barefoot — hence, quietly — I'm carrying fire for them. I'll give it first to mother.

It jumps onto her like an insect, climbing up the flower stalks on her housecoat, fattening on a patch of cheap fabric. Mother brushes her hands against her chest — she wants to wipe the bread flour off of them but she's only spreading flame across herself. She still reaches for a knife, a habit tells her to dip it in butter, clean it against a slice of bread, and repeat. She's chewing charred bread that pops in her mouth. She's looking around: the flames are stealing wooden spoons, rummaging through the cupboards, quickly reading and tossing newspapers. It's marching neatly in the floor cracks. Mother isn't taken aback — she knows things that life gives. Some are surprising, others aren't, but all can be weathered. So she sits down and waits. She's sitting on the floor, looking more and more like coal.

Instead of lather, father's putting soot on his face. With a brush, he spreads it out from his collarbones to eyeballs. He can't grab the razor without a moist towel. The steel fizzles, the bristles melt, the blade collects black sauce from his skin. Father lowers his hands — the bathrobe dissolves into hundreds of ash leaves — he's standing before a mirror like a naked tree.

— Good — he says. He didn't want to die unshaven.

Latawce

Ten człowiek i pies mieli pergaminowe skóry oraz połapane sznurkiem kości, puste w środku i dziurawe, bo gdy mocniej zawiało, obaj popiskiwali jak flety.

Kiedy szli, nie robili już nic innego. Jeśli człowiek chciał coś powiedzieć psu – przystawał. Pies robił to samo, chcąc popatrzeć na człowieka. Łączenie czynności w pary było zadaniem ponad ich siły. Tylko czasami człowiek mlaskał, gdy szedł. Widocznie język był sekundnikiem jego wewnętrznego zegara, ciągle dającego się nakręcać.

Pies miał nad człowiekiem przewagę, która polegała na dwóch nogach więcej, dlatego wyprzedziwszy go o krok, zatrzymywał się i czekał, żeby się zrównali. To trwało.

– Może wie, jak go wołam, może słyszał? – pytał nieraz człowiek przechodnia i pokazywał psa, bo zdarzało się człowiekowi zapomnieć jego imienia, tak jak psu zdarzało się zapomnieć drogi do domu. – Zawsze tu chodzimy – zataczał koło bambusowym palcem, bo nie był pewien, czy na tyle drzew mówi się tartak, park czy las. Ostatecznie nie miało to większego znaczenia, podobnie jak imię – czyjeś, a nawet własne.

Przyszedł czas, gdy człowiek i pies zrobili się tak przezroczyści, że można było oglądać przez nich zakrzywiony świat, jak przez szklanki.

Przyszedł też silniejszy wiatr, więc chodzili jeszcze bliżej siebie dla pewności, że jeśli ich porwie, polecą razem.

Podniosło ich do góry, a oni wciąż przebierali nogami, chociaż już nie musieli. Po jakimś czasie wyglądali jak latawce, jeszcze później jak dwie kropki, które mogą być równie dobrze ptakami, co złudzeniem.

Dziecko widziało, chociaż nikt mu nie wierzy.

Kites

This man and his dog had parchment skins and bones joined by rope, empty inside and with holes because when the wind was stronger, they squealed like flutes.

When they walked, that's all they did. When the man wanted to say something to the dog — he stopped. The dog did the same if it wanted to look at the man. Doing two things at the same time was too much for them to handle. Only sometimes, the man smacked his lips when walking. Apparently, his tongue was the second hand of his internal clock, which could be wound up anew.

The dog had an advantage over the man in the form of two more legs, so when it was ahead of him, it stopped and waited until he caught up. It took some time.

— Maybe you know what I call it? Maybe you've heard? — the man would point at the dog and ask a passerby because he sometimes forgot its name, just like the dog sometimes forgot the way home. — We always walk around here — he made a circle with a bamboo finger because he wasn't sure what you called all these trees: a sawmill, a park or a forest? Ultimately, it didn't matter, and neither did the name — someone else's, or even your own.

One day, the man and the dog became so translucent that you could watch the warped world through them like through tumblers.

The wind also grew stronger so they walked even closer to each other to make sure that if they were blown away, they'd go together.

It lifted them up and they were still shuffling their legs, though they didn't have to. After a while, they looked like kites, and later, like two dots that might be birds or an illusion.

The child saw it, though no one believes her.

Aparat

Kiedy ojciec kupił aparat, na początku tylko zaciągał pożyczki u świata – wzięty obraz każdej rzeczy zwracał w postaci fotografii.

Kilka razy pozwolił mi wejść do ciemni, pod warunkiem że będę cicho i niczego nie dotknę. Tylko z przygryzionym językiem i rękami schowanymi pod sweter wolno mi było patrzeć, jak papier wrzucany w chemikalia naciąga osobami i przedmiotami, które znałam z życia. Bałam się, aż do ćmienia w brzuchu, że na zdjęciu ukażą się inne, niż są, bo tam, skąd przychodziły, coś mogło się im stać. Tam – w czasie złapanym do ciasnego pudełka. Martwiłam się, że czas będzie nas straszył w zemście za przetrzymanie w areszcie: kogoś, kto pozował twarzą do obiektywu, odwróci plecami, komuś rozpuści włosy albo je przeczesze z jednego warkocza w dwa. Sprawdzałam, czy w tym chwilowo podwodnym świecie ludzie mają po pięć palców. Czy nie zamurowało się któreś z okien albo nie przesadziło drzewo.

Później ojciec już nie pożyczał, tylko kradł. Tego, co chciwie fotografował, nie wywoływał z czasu, który minął. Ojciec jest winien pejzażom setki chmur i domów, kilku psom budy, a ludziom – tym jeszcze żywym i już umarłym – twarze. Mnie również je zabierał, chociaż wciskałam głowę między barki albo zasłaniałam rękami. To go nie zniechęcało, dlatego jest mi też winien ramiona i dłonie.

Camera

When father bought a camera, at first he only borrowed from the world — if he took an image of a thing, he returned it in the form of a photograph.

A couple times, he let me in the darkroom as long as I was quiet and didn't touch anything. Only if I bit my tongue and put my hands underneath my sweater could I watch how paper tossed in chemicals became saturated with people and objects I knew from life. I dreaded that the pictures would show them differently than they were, because something could have happened to them on the way from the tiny box, where time was captured. I worried that time would haunt us as revenge for holding it in jail: someone who faced the camera would now have their back turned, someone's hair would be let down or one braid made into two. I checked if people still had five fingers in this momentarily underwater world, if one of the windows didn't get bricked up or a tree wasn't moved.

Later, father no longer borrowed but stole. What he photographed so greedily was no longer brought back from the time that passed. Father owes hundreds of clouds and houses to landscapes, doghouses to several dogs, and faces to people — those still alive and already gone. He also took them from me, although I tucked my head between my shoulders or covered it with my hands. It didn't deter him so he also owes me my arms and my hands.

Furtka

– Idziemy – powiedziała prababka, ale nie wzięła mnie za rękę, tylko podała mi swoją jak ciepły przyrząd do prowadzania niewidomych. Ledwie dałam radę opleść jej dłoń palcami, zmieniła pozycję na właściwą dorosłej i teraz moje palce były obejmowane. Zacisnęłam je i rozluźniłam. Tamte odpowiedziały tym samym. Zapukałam kciukiem w wierzch dłoni, a ona w ten sam sposób zapukała w moją. Jeśli coś w prababce jeszcze mnie pamiętało, była to ręka, do której spłynęły niepopsute wspomnienia. Reszta pozostawiona w głowie dymiła przez znalezione w niej szczeliny i wiatr rozwiewał coś więcej niż włosy. Ciągle czarne.

Kiedy nasze ręce rozmawiały, my szłyśmy w milczeniu przez ogród. Tak wolno, że chmury nad nami były bardzo szybkie. Przeszłyśmy przez trawę i nasze filcowe kapcie zrobiły się mokre. Później zebrały na czubki piach ze ścieżki, która prowadziła do furtki. Patrzyłyśmy na ulicę, a tam byli ludzie. Furtka się otworzyła i zrobiłyśmy krok poza dom. Tylko jeden krok, bo nie miałyśmy na sobie butów do chodzenia po świecie. Wtedy ręka prababki przypomniała sobie moją głowę, położyła się na niej i została na długo.

Front gate

— Let's go — great-grandmother said but didn't take my hand; instead, she gave me hers like a warm device for guiding the blind. I barely managed to wrap my fingers around her hand when it changed its position to a proper adult one and now it clasped my fingers. I squeezed and relaxed my fingers. Hers responded the same way. I knocked on the back of her hand with my thumb, and she knocked on mine. If anything inside great-grandmother remembered me, it was her hand, where all the unspoiled memories had pooled. The rest that was left in her head was fuming through the cracks and the wind ruffled more than her hair. Which was still black.

While our hands talked, we walked silently through the garden. So slowly, the clouds above us moved very fast. We walked through the grass and our felt slippers got wet. Later, their tips collected sand from the pathway that led to the front gate. We looked at the street, where there were people. The front gate opened and we took a step outside. Only one step, because we weren't wearing proper shoes. It was then that great-grandmother's hand remembered my head. It lay across it and stayed there for a long while.

Lustro

Dziecko weszło do szklarni, bo chciało nakarmić kamień czymś czerwonym. Pomidory wyglądały jak serca i były zrobione z prawdziwego mięsa. Każdy krzak podtrzymywały tasiemki przerzucone w górze przez zardzewiałą rurę ciągnącą wodę. Podwieszone krzaki przypominały marionetki i chociaż wszystkie miały więcej niż jedno serce, dziecko nie odważyło się zerwać żadnego, tylko dotknęło każdego palcem, a on stał się duszny od zapachu przepowiadającego weki.

Przy drzwiach wejściowych do szklarni stała szafka: na kołkach wisiały nigdy nie prane ubrania do pracy i dało się z nich wywąchać, czyje były. Szafka miała lustro – parchate, ale ciągle widzące.

– Jaka to nieprawda – pomyślało dziecko, bo częściej patrzyło na siebie od środka. Przejechało ręką po włosach, które można ściąć i odłożyć jak przedmiot, albo dać komuś, kto chciałby go mieć. Włosy leżały na głowie jak źle uszyta czapka. Tam dziecko miało początek. Kończyło się na sandałkach – butach z żywymi palcami i piętami. Było szczelnie zamknięte w swoim nieforemnym człowieku.

Przez chwilę chciało otworzyć usta i podnieść język, ale zrozumiało, że nie powinno pokazywać się takie kamieniowi. Dlatego poszło dotykać pomidorów, jeszcze cięższych niż przed kilkoma chwilami.

Mirror

The child went into the greenhouse because she wanted to feed something red to the stone. Tomatoes looked like hearts and were made of real flesh. Each bush was supported with ribbons hanging from a rusted water pipe. The suspended bushes resembled marionettes and, although they all had more than one heart, the child wouldn't dare pick any; instead, she touched each with her finger, and it got sultry with a smell auguring preserves.

There was a locker by the greenhouse entry door: work clothes that had never been washed hung from its pegs and you could tell whose they were by smelling them. The locker had a mirror — it was mangy but it could still see.

— It's so untrue — the child thought because she was used to looking at herself from inside. She ran her hand down her hair, which could be cut and put away like an object, or gifted to someone who'd want it. Her hair lay on her head like an ill-fitting hat. This is where the child began. She ended at her sandals — shoes with live toes and heels. She was tightly sealed in her angular human.

For a second, she wanted to open her mouth and lift her tongue, but she understood that she shouldn't let the stone see her like this. So she went back to the tomatoes, which were even heavier than they were just a few moments earlier.

Drzwi

Matka wyszła, zostawiając mnie z ojcem, a on mi zamarł. Zrobił to, co robak wzięty na rękę albo ścigany przez palec. Z tą różnicą, że robak robił to ze strachu, a ojciec wtedy, gdy przestawał się bać. Kiedy matka była w domu, czuł przymus ruszania się. Zostając ze mną, nie musiał.

Zamknęły się drzwi: ojciec wszedł do pokoju i usiadł. Najpierw wyjął z pępka paproch wyhodowany z kurzu. Obejrzał i włożył do kieszeni spodni jak coś, co może się jeszcze przydać. Później posłał do twarzy rękę, której zadaniem było sprawdzić, czy golić trzeba się dziś, czy dopiero jutro. Ręka wróciła na kolano, a on już się nie ruszył.

Stałam na progu i patrzyłam. Pierwszy raz widziałam kogoś, kto robił tak mało, że tylko był. Szłam do moich zabaw, a gdy wracałam na próg, widziałam, jak siedzi ciało należące do ojca. Podeszłam, a on patrzył na wskroś, nawet nie zasłoniłam mu ściany. Byłam pewna: gdybym miała dość siły, żeby czymś podważyć i otworzyć mu usta, zobaczyłabym w nich liny windy, którą zjechał w dół. Nic nie powiedziałam, tylko zapukałam ojcu w czoło tak, jak puka się do drzwi. A ponieważ nikt ze środka nie zapytał „kto tam?" – wyszłam.

Door

One time, mother left me with father and he went ahead and died. He did what a worm does if you pick it up or chase it with a finger. The difference is that the worm does it out of fear and father did it when he no longer feared. When mother was at home, he felt coerced to move around. With me, he didn't have to.

The door closed: father entered the room and sat down. First, he picked lint from his belly button. He inspected it and put it away in his pants' pocket like something he might need later. After that, he sent his hand to his face to check whether he needed a shave that day or the next day. His hand reunited with his knee and he moved no more.

I stood in the threshold and watched. I had never seen anyone do so little but be. I went to my games, and when I was back at the threshold, I saw father's body sitting. I came closer and he stared ahead, I didn't even obstruct his view of the wall. I was certain: if I had enough strength to pry his lips open, inside, I would see the cables of an elevator that he took to go down. I said nothing and simply knocked on father's forehead the way you knock at the door. Since no one inside replied "Who is it?" — I left.

Firanka

Niedziela to cicha upośledzona w białych podkolanówkach. Na końcu mysiego ogona ma kokardę z szyfonu. Wpinają jej w kapelusz czereśniową broszkę. Nie żałują drobnych na lody, niech ma czym celować w przerośnięty język. W rękę wtykają gałąź z baziowymi kotkami. Niech sobie wywija, gdy śpiewa: ho-ho. Jeszcze chusteczka złożona na trzy. Przyda się w kościele, żeby klękając, nie pobrudzić kolan.

A niedziela nic, tylko patrzyłaby na pogrzeby. Dyryguje im witką – niech wiedzą, jak iść. Plenią się na ulicach, jakby żałoba była chorobą zakaźną.

Najmniejszy z konduktów składa się z karawanu i lamentującego: kobyła ciągnie wózek z dzieckiem, ojciec rodziny idzie z tyłu. Myśli, że tak młodo pochował marzenia. Słońce świeci. Kondukty się mijają. Uchylają się kapelusze. Żałobnicy patrzą, który ma zdrowszą kobyłę. A one łypią zza klapek, której trumienka strojniejsza, w której życie wygląda jak żywe. Niektórym spieszno na stypę.

A na stypie rosół i polerowane łyżki. Świat odbija się w nich tak ładnie, chociaż do góry nogami. Koper sypie się na ziemniaki jak zielony śnieg. Radio brzęczy jak pszczoła. Wiatr wydyma krochmaloną firankę.

– Ho-ho – mówi niedziela. – Ho-ho.

Lace curtain

Sunday is a quiet handicapped girl in white stockings. There is a chiffon ribbon at the end of her thin braid. They put a cherry brooch in her hat. They don't spare her change for ice-cream, let her aim at something with her overgrown tongue. They stick a pussy-willow branch in her hand. She can wave it around when she sings: ho-o-sanna. A handkerchief folded in three will keep her knees clean when she kneels.

And all Sunday wants to do is look at funerals. She conducts them with the twig — so they know which way to go. They mushroom in the streets as if mourning was contagious.

The smallest of the processions includes a caravan and a wailer: a mare is pulling a cart with a child, the father is walking behind. He thinks that he buried his dreams so young. The sun is shining. The processions are passing each other. Hats are being tipped. The mourners are looking at whose mare is healthier. And from behind the blinders, they are peeking at whose little casket is more adorned, which one has a life that looks more alive. Some are in a hurry for the wake.

And at the wake — chicken soup and shined spoons. They reflect the world so prettily, even if it's upside down. Dill is poured over potatoes like green snow. The radio is buzzing like a bee. The wind is ballooning up a starched lace curtain.

— Ho-o-sanna — says Sunday. — Ho-o-sanna.

Szafa

Cipka leży pośrodku wstydu. Wstyd leży pośrodku przyjemności. Przyjemność biegnie przez szafę. Szafa stoi w pokoju. Pokój w mroku. Cipka w szafie przechodzi naftaliną, teraz to dwa plastry mięsa na mole. Rękaw futra zwisa przy twarzy. Stary królik z futra wskakuje do ust. Ma smak kurzu z solą. W szafie jest ciasno. Królik myje sierść dziecięcym językiem.

Wardrobe

A pussy is in the middle of shame. Shame is in the middle of plea-sure. Pleasure runs through the wardrobe. The wardrobe is in the room. The room is dark. The pussy in the wardrobe starts smelling of mothballs, now it's two slices of meat to deter moths. The sleeve of a fur coat hangs by the face. An old rabbit from the coat jumps inside the mouth. It tastes of dust and salt. There isn't much space in the wardrobe. The rabbit cleans its coat with the child's tongue.

Fotografia

Matka ma stopy jak drożdżowe bułki, w które wrzynają się paski sandałów. Po ziemi ucieka od nich cień, w górę odchodzą nogi – wałki ciasta. Ma rękę jak pluszowy miś – krótką i okrągłą na końcu, o wiele za dużą czapkę po kimś i płaszcz do kolan. Matka jest na tej fotografii dzieckiem.

Za nią stoi dom, w którym się urodziła. Jedno z siedmiu okien jest otwarte, wiatr wyciąga z niego firankę. Przed prowadzoną za rękę matką jest ogród. Po bokach ścieżki wschodzi trawa, druga albo trzecia po wojnie. Kobieta, która prowadzi matkę, jest stara. Łapie sweter tam, gdzie brak mu guzików. Jej lewa noga ma piętę w górze, tak jak drożdżowa stopa mojej matki.

Za chwilę brzegi swetra się rozejdą. Za chwilę firanka wróci do okna. Moja matka zrobi jeszcze kilka kroków i wejdzie do ogrodu za granicami coraz bardziej żółknącego papieru.

Photograph

Mother has feet like yeast rolls oppressed by her sandals' straps. A shadow scurries away from them on the ground, upwards go her legs — two rolls of dough. She has a hand like a teddy bear — short and round at the end, a much too large hand-me-down beanie and a knee-length coat. Mother in this photograph is a child.

Behind her, there is the house she was born in. One of the seven windows is open, the wind is pulling a lace curtain out. Before mother, who's being held by the hand, there is a garden. On the sides of the pathway, the grass is growing, the second or the third after the war. The woman who's holding my mother's hand is old. She clasps the cardigan where it misses the buttons. Her left foot's heel is up, so is my mother's yeasty foot.

Any second, the edges of the cardigan will come apart. Any second, the lace curtain will float back to the window. My mother will take just a few more steps and enter the garden beyond the increasingly yellowed paper.

Studnia

– Chodź no tu. Co tam masz? Pokaż. Wypluj to. Wypluj. Ojciec
do ciebie mówi: wypluj. Kto? – warga daleko od dziąsła, złapana
razem ze skórą policzka, ciągnięta. – Kto? – ciągnięta do góry. – Kto
nosi? – do góry targana. – Nosi cholerne – palec podważa, naciera,
wyrywa. – Kto w gębie nosi? – wyrywa mi, mój mi zabiera. – Kto w
gębie nosi kamienie?

Uderzenie. Ciemno przed oczami. Krew smakuje jak prąd –
wiem, bo przykładałam język do baterii. Tyle że krew jest ciepła, a
prąd zimny.

W szklarni jest gorąco, czuć pomidory, to pachnie kolor czer-
wony. Żółty pachnie tak samo, a zielony wcale. Zielony nie.

– Nie bij.

Ojciec ma ładne usta. Duże. Z sercem pośrodku, jak na laurce.
Usta się rozciągają, serce znika – ojciec się uśmiecha. Trzyma kamień
na dłoni. Ciemny, opleciony kamiennym żylakiem twardszym od
reszty, gdy jest pod językiem, gdy się ssie.

Wyciągam rękę. – To moje. Mój.

Wieko palców opada na kamień. Już nie. Teraz on go ma.

– Daj.

Nie odda. Wychodzimy. Niesie mnie. Jestem niesiona. Idzie do
studni. Po co tam?

– Nie, nie. Ale idzie.

– Proszę. Już stoi przy.

– Proszę, nie. Wyciąga rękę nad.

– Ja proszę, nie.

Wypuszcza kamień. Studnia go pożera.

Gniazdo jest puste. Uwite pod językiem, ciemne, wilgotne gni-
azdo dla kamienia. Nic się nie wykluje. Kamień nie przemówi. Nie
mówi się, leżąc w wodzie. To niemożliwe, aż woda zamieni się w
chmurę. Zanim przetoczy się czas. Wtedy dziecko odnajdzie swój
kamień.

Well

— Come over here. What is that? Let me see. Spit it out. Do it. Listen to your father: spit it out. Who? — my lip is far from my gum, grabbed along with my cheek's skin, being pulled. — Who? — pulled up. — Who carries around? — jerked up. — Carries goddamn — a finger pries, invades, yanks. — Who carries in their yap? — he yanks it out, takes what's mine. — Who carries around stones in their yap?

A blow. It's dark before my eyes. Blood tastes like electricity — I know because I had zapped my tongue on batteries. Except blood is warm and electricity is cold.

It's hot in the greenhouse, you can smell the tomatoes, that's how red smells. Yellow smells the same and green doesn't at all. Not green.

— Don't hit.

Father has a pretty mouth. Large. With a heart in the middle like from a card. His mouth is stretching, the heart disappears — father is smiling. He's holding the stone. It's dark, wrapped with a stony vein that's harder than the rest when it's underneath your tongue, when you suck on it.

I reach out my hand.

— It's mine. Mine.

The lid of his fingers closes on the stone. Not any more. Now he has it.

— Give it.

He won't. We're leaving. He's carrying me. I'm being carried. He's going to the well. What for?

— No, no.

But he is.

— Please.

He's already there.

— Please, don't.

He's reaching out his hand.

— I beg you.

He releases the stone. The well devours it.

The nest is empty. The one underneath the tongue, the dark, moist nest made for the stone. Nothing will hatch. The stone won't speak. You don't speak when you're in water. It's impossible until water transforms into a cloud. Before time rolls over. Only then will the child find her stone.

Łyżka

Matka kroi pomidory, a one się wykrwawiają. Miesza je, zataczając kółka raz w lewo, raz w prawo. Nic do mnie nie mówi.

Dlaczego można tak mało? Nie da się zawrócić czasu łyżką. Ani młynkiem z drewnianą gałką i pachnącą pieprzem szufladą, ani palcem obracanym w powietrzu. Nie można połączyć ogrodów.

Gdyby dało się związać, jak kawałki sznurka, ogród obecny i ogród miniony, byłabym w nim ja i była moja matka w za dużej czapce noszonej po kimś. Powiedziałybyśmy sobie nasze imiona i poszły bawić się w dom.

Wcześniej zdjęłabym matce tę biedną czapkę zasłaniającą jej oczy.

Tablespoon

Mother's chopping tomatoes while they're bleeding out. She's stirring them, making circles to the left, then to the right. She's not saying anything to me.

Why can you do so little? You can't turn back time with a tablespoon. Neither with a grinder that has a knob and a tiny pepper-scented drawer nor with a finger spun in the air. You can't connect gardens.

If it were possible to tie the present garden and the past garden, like pieces of string, I'd be there and so would my mother in a too large hand-me-down beanie. We'd tell each other our names and go play house together.

But first, I'd reach for my mother's head and take off this pitiful beanie obscuring her eyes.

Kasztan

Dziecku śni się pejzaż, który kłamie. Patrzy na liście: są przyszyte do drzew. Psy stoją koło bud, bo mają łapy wkopane w ziemię. Kto widział takie stada wróbli siedzących na ziemi? Rzuć czymś, nie odlecą. Wbiegnij w nie – nie poderwą się, powbijasz nogami ich łebki jak gwoździe.

Dziecko schodzi nad rzekę rzeczy, która przyjmuje wszystko, nie odda niczego. Płyną przedmioty. Fotografie: jak martwe ryby do góry brzuchami, tak one twarzami do góry. Ludzie na portretach nabrali wody w usta, nauczyli się oddychać skrzelami, które wyrosły im z tyłu głów, na otokach kapeluszy i na zarzuconych na plecy warkoczach.

Igły. Ławica zardzewiałych igieł. Szpulki nici. Naparstek. Stoły ciągną za sobą niedzielne obrusy, rzeka wysysa z nich krochmal, rozcieńcza wódkę, wykrada chleb. Lalki: całe, bezgłowe, ubrane i nagie.

Cerowana kieszeń swetra wyrzuca kasztan – ciągnie w stronę rękawa, jakby spodziewał się ręki, która go zatrzyma. Kasztan jest podobny do kamienia.

Każdy przedmiot w tej rzece szuka swojej dłoni, każdy człowiek nad brzegiem szuka swojej rzeczy. Nie da się wejść do wody, można tylko patrzeć. Dziecko zaczeka tu, aż się obudzi. Może zobaczy to, co kiedyś znało z dotyku, teraz tylko z imienia.

Chestnut

The child is dreaming of a landscape that's lying. She's looking at the leaves: they're sewn to the trees. The dogs are standing by their doghouses because their paws are embedded in the ground. Have you ever seen such flocks of sparrows sitting on the ground? Throw something. They won't fly away. Run into them. They won't take off — your feet will drive their heads in like nails.

The child's going down to the river of things, which accepts everything and will give up nothing. The objects are flowing. Photographs, like dead fish with their bellies up, are floating with their faces up. People in the portraits have shut up like a clam, they've learned how to breathe with gills, which grew on the back of their heads, on the brims of their hats and on the braids tossed behind their shoulders.

Needles. A swarm of rusted needles. Spools of thread. A thimble. Tables are dragging Sunday tablecloths behind them, the river is sucking starch out of them, diluting vodka, stealing bread. Dolls: whole, headless, clothed and naked ones.

A darned pocket of a sweater tosses out a chestnut — it's drawn to the sleeve as if expecting a hand will catch it. The chestnut resembles the stone.

Each object in this river looks for its hand. Each person by the riverbank looks for their object. You can't enter the water. You can only look. The child will wait here until she wakes up. Maybe she'll spot what she once knew by touch, and now, only by name.

Buty

Są dni, w które ojciec przestaje się dziać i cała narracja o nim przechodzi na rzeczy.

Ubrania nie wstają z podłogi, tylko buty tępo wchodzą na gołe stopy i przygniatają się piętami. Grzebień decyduje, że i on zrobi swoją robotę w imię jakiejś symetrii, bo skoro nagi człowiek ma buty, to powinien też od góry kończyć się ładem. Grzebień wie, jak zmusić rękę, żeby dała się opluć i przejechała ojcu po głowie. To wiele ułatwia. Później przychodzi słoik, żeby zabrać mocz. Zakręca się i odsuwa butem, który przez ten czas zdołał wbić się głębiej na nogę. Słoik przyjdzie dzisiaj jeszcze kilka razy, grzebień może raz, a buty będą się pocić tak czy inaczej.

Teraz kręcą się szpule z brązową taśmą. Magnetofon włączył się nie dlatego, że ojciec lubi country. To rzeczy sprawdzają, czy przy odrobinie dobrej woli nie da się przerobić tej sceny na komedię. Buty wwierciły się w końcu na pięty i zaczynają wybijać na podłodze rytm. Grzebień zmusza rękę, żeby poklepywała nim wytartą poręcz fotela. Coraz szybciej i szybciej.

Shoes

There are days when father stops happening and the whole narrative about him switches to things.

Clothes don't get up from the floor. Only shoes cram bluntly onto naked feet and press themselves down with the heels. The comb decides that it'll also do its job for the sake of some symmetry, because if a naked man is wearing shoes, then he should also end neatly from the top. The comb knows how to force the hand to take spit and smooth out father's hair. This makes things a lot easier. Next comes a jar to take the urine. It closes and pushes itself away with the shoe, which, by that time, has managed to wedge itself deeper on the foot. The jar will come back a few times today, the comb, maybe once, while the shoes will be sweating either way.

Now, the reels with a brown tape are turning. The cassette player is on not because father likes country music. It's the object checking, if, with a bit of good will, it's possible to make this scene into a comedy. The shoes have finally screwed themselves onto the heels and are starting to beat the rhythm against the floor. The comb forces the hand to tap it against a threadbare armrest. Faster and faster.

Walizka

Prababka chciała na dwór codziennie o tej samej porze.
– Zupełnie jak pies – mówili. – Według starej można nastawiać zegarek, chociaż sama dawno już się na nim nie zna.
Puszczali ją, ale najpierw wsadzali haczyk w skobel przy furtce.
– Niech idzie na powietrze.
Wychodziła z tekturową walizką, w pantoflach, których już nie opłacało się podbijać flekami. Buty i twarz prababki były zrobione z tej samej skóry.
– Gdzie ty się znów wybierasz, mamusiu? – spytała ją któregoś dnia córka.
– Na tamten świat.
Nie mogła ujść daleko w granicach ogrodu, więc stawała i zaczynała długie czekanie, znane ludziom z przystanków i peronów. Może myślała, że śmierć jest środkiem transportu, który w końcu przyjeżdża, nawet spóźniony o lata.
Gdy prababka wyłapała dalekie wycie pociągu, odwracała głowę w jego stronę, mocniej chwytała rączkę walizki i robiła dwa kroki w tył, odsuwając się od torów nieistniejących w trawie. Patrzyła na kwiaty, które lada chwila miała skosić lokomotywa. Już falowały. Jeden po drugim uciekały z nich motyle. Kiedy pociąg nie wjeżdżał do ogrodu, prababka odkładała ostatnią podróż na kolejny dzień.
– Tyle się wystałaś po śmierć, a umarłaś mi na siedząco – po-wiedziała babka, gdy znalazła martwą matkę na krześle. Miała głowę wywieszoną za poręcz i szeroko otwarte usta, jakby całym ciałem robiła ostatnie zdjęcie temu światu.

Suitcase

Every day, great-grandmother wanted to go out around the same time.

— Just like a dog — they said. — You could set your watch to the crone, though she can't tell the time anymore.

They'd let her out, but first they secured the hook in the latch by the front gate.

— Some fresh air will do her good.

She left the house with a cardboard suitcase, in slippers whose heels weren't worth fixing. Great-grandmother's footwear and face were made of the same leather.

— Where are you off to now, mama? — her daughter asked her one day.

— To the other side.

She couldn't get far bound by the fence, so she'd halt and begin the long wait familiar to people from tram stops and platforms. Perhaps, she thought that death was a means of transport that finally arrived, even if delayed by several years.

When great-grandmother caught the distant whistle of the train, she turned her head in its direction, grabbed more tightly onto the suitcase handle and took two steps back, moving away from the nonexistent tracks in the grass. She watched the flowers, which the locomotive was about to mow down any second now. They were already rippling. One by one, butterflies were vacating them. When the train didn't arrive in the garden, great-grandmother postponed her last journey to the next day.

— All that standing around and you go sitting — said grandmother, when she found her dead mother in a chair. Her head was hanging over the armrest, her mouth open wide as if, with her whole body, she was taking the last photo of this world.

Skóra

Pewnego dnia ojciec założył prawdziwą skórę uszytą na miarę.

Była mniej różowa, ale grubsza od poprzedniej. Sprawił też sobie żółte zęby i pięty. Siadał na ziemi i mówił. Najpierw tylko przy zwierzętach. Początkowo były to małe zwierzęta, takie jak pająki czy ćmy. Po jakimś czasie nie wstydził się przemawiać przy ptakach i kundlach. Później przy dzieciach. Potem ojciec mówił do siebie przy wszystkich. Stawał przed lustrem i patrzył w nie, jakby było oknem. Nikt nie wie, co tam widział, ale chciał konsultować się w tej sprawie z Bogiem.

Pukał w stół.

– Kto tam? – pytał.

– Pan Bóg – odpowiadał, jakby samo słowo mogło sprowadzić Boga do kuchni. Próbował też do niego dzwonić. Bóg nie odbierał.

Ojciec powiedział mi:

– Kiedy byłem chłopcem, widziałem szatana. Ma czarny kapelusz.

Powiedział jeszcze:

– Kochają tylko psy.

To wszystko, co powiedział mi ojciec. Resztę rzeczy zostawił dla siebie.

Skin

One day, father put on real skin, tailor-made.

It was less pink but thicker than the previous one. He also got himself some yellow teeth and heels. He'd sit on the floor and talk. At first, only around animals. Initially, these were small animals, like spiders or moths. A while later, he wasn't embarrassed to talk in front of birds and mutts. Later, around kids. Finally, father talked to himself in front of anybody. He stood opposite a mirror and looked at it as if it were a window. Nobody knows what he saw there, but he wanted to consult God on this.

He knocked on the table.

— Who's there? — he asked.

— It's God — he replied as if word alone could bring God to the kitchen. He also tried calling him. God didn't pick up.

Father told me:

— When I was a boy, I saw Satan. He wears a black hat.

He also said:

— Only dogs love.

That's all father told me. He kept the rest to himself.

Mydło

Każdego wieczora w rogu kuchni robiono łazienkę. Budowano ją z cegły szarego mydła, garnka z wodą, miednicy i krzesła, na którym była kładziona. Tego, kto wchodził w róg, zostawiano samego, żeby inni nie szperali mu w ciele oczami. Nie dotyczyło to dziecka. Myło się, a wszyscy siedzieli przy stole. Wsadzali sobie do głów jedzenie i wyciągali stamtąd słowa – z dużym trudem, jakby pozbywali się ości. Czasem ktoś zerknął w kąt, nie inaczej patrzyłby na wylizującego się kota.

Teraz, gdy dziecko ma się myć, wychodzą. Widać uznają, że to już ciało, w którym można szperać.

Stawia się nago i wobec nikogo. Przesuwa nogami po podłodze własne palce. Bierze nowe mydło z ostrymi brzegami. Kostkę, która nigdy nie jadła człowiekowi z ręki, więc będzie kaleczyć, zanim się oswoi. To dobrze: żeby przełknąć smutek, nie wystarczy go umyć. Trzeba go obrać ze skóry.

Soap

Each night, a bathroom was made in the kitchen's corner. It was built of a brick of gray soap, a pot with water, a bowl and a chair, on which it stood. Whoever went into the corner was left alone so others wouldn't poke around their body with their eyes. It didn't apply to the child. She washed up while everyone was sitting at the table. They shoved food in their heads and pulled out words — with great difficulty as if they were removing fishbones. Occasionally, someone would glance in the corner, much like one would peek at a cat licking its fur.

Now, when the child is about to wash up, they leave. Apparently, they've decided it was a body that could be poked around.

She stands naked in front of nobody. With her feet, she's sliding her toes across the floor. She picks up new soap with sharp edges. A bar that's never eaten from a human hand, so it will maul it before it's tamed. That's alright: it's not enough to wash sadness to swallow it down. First, you have to peel the skin.

Epilog

Terra Memoria

Najstarsi w języku powiadają, że dawno temu każdy istniejący w pamięci obraz rzeczy można było wymienić na jej ciało, ponieważ wspomnienia złożone w umyśle odkładały się bliźniaczo w ziemi i osiągały konkret materii. To, co człowiek zapamiętywał, natychmiast wywoływało się w podglebiu: w nim zalegały piętrami manifestacje przedmiotów, zjawisk, zwierząt i ludzi.

Wszyscy żyjący mieli wtedy pola w Memorii, która była równiną i nie rodziła niczego poza urzeczywistnieniami przeszłości. Obszar ten zaczynał się za granicami królestwa i ciągnął po miejsce, gdzie przestrzeń wyprzęgała się z czasu, odbierając wędrowcom szansę na jego rachubę. Jeśli ktoś zdołał dotrzeć aż do Infantii, ziemi pamięci dziecięcej, tracił – podobnie jak wtedy, gdy był mały – poczucie upływu godzin i zamieszkiwał w wiecznym tu i teraz. Dlatego tułali się tam starcy gadający do wskrzeszonych lalek, ujeżdżający truchła koni na biegunach, wlekący za sobą bezwładne latawce i nogi. Przed Infantią leżała Insania pomylonych, wyrzucająca na powierzchnię tak zawiłe hybrydy rzeczy i ludzi, że tylko logika szaleńców mogła je rozplątać w pierwotne kształty. Na północ od Insanii ciągnęła się Penuria – uboga w przedmiot i podmiot pamięć tych, którzy unikali życia wewnątrz siebie i nawet myślenie wywiedli gdzie indziej.

Memoria posiadała swoich kopaczy i kapłanów, a obie funkcje schodziły się w osobach sepulkrarzy. Mówiono, że byli potomkami kretów, mieli łopatowate ręce oraz stopy i nie potrzebowali wiele powietrza, by oddychać. Nikt nie dociekał genealogii tych istot, zwanych też konfesjarzami lub mogilnikami, ponieważ uważano pamięć, zarówno tę, którą człowiek nosił w sobie, jak i tę, która była ziemiami Memorii, za nieprzebrany kurhan. *Schodzimy w pamięć, formę najgłębszego grobu* – pisał Gramatyk, kronikarz tamtej ery. Dla pielgrzymów terenów memorialnych pozostali sepulkrarze ludźmi-rebusami, szyfrogramami, chodzącą enigmą. Lękano się ich,

Epilogue

Terra Memoria

The eldest in the language say that a long time ago, each picture of the thing existing in memory could be exchanged for its body, because memories buried in the mind were simultaneously deposited in the ground and achieved the concreteness of matter. Whatever sank into a person's memory was immediately developed in the undersoil: it was filled with the manifestations of objects, phenomena, animals and people.

All the living once had land in Memoria, which was a plain and bore nothing aside from the realization of the past. This area started outside the borders of the kingdom and stretched until the place where space unharnessed itself from time, depriving wanderers of a chance to reckon with time. If one managed to reach Infantia, the land of child's memory, he lost track of hours going by and inhabited the forever here and now — just like he did when he was small. That is why old people wandered around there talking to resurrected dolls, riding dead rocking horses, dragging limp kites and their legs behind them. Before Infantia, there was Insania of the deranged, spewing on the surface such convoluted hybrids of objects and people that only the logic of the mad could unravel them into their original shapes. North of Insania stretched Penuria — a memory poor in object and subject, which belonged to those who avoided internal life and even reflection exported elsewhere.

Memoria had its diggers and priests, and both functions merged in the persons of sepulchlars. They were said to be the descendants of moles, they had spatulate hands and feet and did not need air to breathe. No one inquired into the genealogy of these creatures, also referred to as confessors or tombers, because memory, both inside a person and inside the lands of Memoria, was considered an endless tumulus. *We are descending into memory, the deepest kind of grave* — wrote Grammarian, a chronicler of that era. For the pilgrims of

jak większości tajemnic, ale niesiono do nich prośby o kopanie, bo tylko oni potrafili odnaleźć w ziemi i odebrać jej realne kształty rzeczy, które w umysłach były jedynie obrazami minionego.

Podobno sepulkrarze umieli zejść w pokłady kryjące pierworodne ewokacje, odbicia gaworzeń zmysłów na temat kształtów najbliższego im świata. Wyjmowali z gleby nie większe od dłoni amorficzne byty, w których jedynie prywatna morfologia wspominającego mogła rozpoznać rękojeść grzechotki, korpus lalki lub kobiecą pierś. *Sepulkrarz złożył mu do ręki embryo rzeczy* – relacjonował annałarz. *A ten, który peregrynował do czasu przeszłego, rozpoznał wspomnienie swej infantii: strugany masztowiec. Przedmiot o ciągle wiążącej się formie, liniach tak mglistych jak wspomnienie dziecka. I zapłakał pielgrzym, choć był królem, a obok łkał żebrak. Było to, gdy pamięć działa się w ziemi.*

Gramatyk, dociekając istoty kommemoracji w embrionach, odkrył naczelną zasadę architektury pamięci. Był nią język. Kronikarz dowodził, że dobrze pamiętać może tylko ten, kto umie wprawnie nazywać. Stąd ziemna pamięć człowieka niemego w środku była pełna topornych form podobnych do kloców. Z takich gleb sepulkrarze wyciągali nieociosane w szczegół kukły przedmiotów i ludzi. Opisywał też kronikarz przykłady wykopalisk z terenów należących do biegłych w języku: (…) *i ujrzeli wyrzucane z dołów cielska metafor o niepojętych fizjonomiach, za którymi stał budowniczy pamięci. Patrzyli, jak konfesjarze dźwignęli odgrzebany oksymoron: rozpościerali płachtę suchego deszczu, dopóki nie złapała wiatru i nie zaczęła wstawać nad polami, na kształt żagla. Gdy deszcz osiągnął pozycję wertykalną, spadał, nie czyniąc nikogo mokrym. Poeci przybywający po swoje wspomnienia widzieli, jak praca języka odcisnęła się w ich strukturach.*

Gramatyk podał dowód na to, że wielokrotne przywoływanie imienia rzeczy powielało obrazy w pamięci, a one rozmnażały w ziemi tożsame im bryły: Dajcie mi twarz tej kobiety – powiedział Senilis do sepulkrarzy – *ją pamiętam, ciało zapomniałem, bo jestem stary.* Wygrzebali mu nie jedną, lecz cały sznur twarzy, z których każda kolejna była kopią pierwszej. Mogilnicy ciągnęli te miękkie korale aż po horyzont. Gdy Senilis dostał to, o co prosił, cieszył się radością ludzi, którym starość dawała kolejne lata, żądając w zamian rozumu. Podrzucał twarze w górę, lulał, zakładał je na swoją, coś

the memorial territory, sepulchlars remained human puzzles, cryptograms, a walking enigma. They were feared, as most mysteries are, but they were still asked to dig, because they were the only ones who could scour the earth and recover from it the real shapes of things, which were merely pictures of the past in the mind.

Sepulchlars were believed to be able to descend into the strata hiding the primal evocation, echoes of the babbling of the senses about the shape of the nearest world. They could unearth amorphous beings not bigger than a hand, in which only the private morphology of the reminiscer was able to recognize the grip of a rattle, a doll's trunk or a woman's breast. *The sepulchlar placed an embryo of the thing in his hand* — the annalist recounted. *And he who had peregrinated into the past recognized a memory of his infantia: a planed sailing-ship. An object with a continuously knotting form, with lines as nebulous as a child's memory. And the pilgrim wept, although he was a king, next to a sobbing beggar. This was when memory unfolded in the ground.*

The Grammarian, who was inquiring into the essence of commemoration in embryos, discovered the fundamental principle of the memory architecture. It was the language. The chronicler argued that only he who could name aptly, could remember well. Hence, the earth memory of a person mute inside was filled with crude block-like forms. From such soils sepulchlars would retrieve effigies of objects and people of unhewn detail. The chronicler also described instances of excavations from the territories of those fluent in a language: (...) *and they saw the bodies of metaphors expelled from the pits, of inconceivable physiognomies, behind which stood the mason of memory. They watched the confessors hoist the exhumed oxymoron: they spread out a sheet of dry rain until it caught wind and began to float above the fields like a sail. When rain became vertical, it fell without getting anyone wet. The poets who came for their memories saw how the linguistic work had imprinted in their structures.*

The Grammarian provided proof that recalling the name of the thing multiple times replicated the pictures in memory, which in turn bred similar solids in the ground: Give me the face of this woman — said Senilis to the sepulchlars — *I remember her, but not her body, because I'm old.* They dug out not one, but a whole string

im śpiewał w języku, który pomylił własne narzecze z obcym. Gdy twarze, na początku podobne do animujących się masek, zwiędły, a później uschły – jak każdy wcielony refleks odjęty od gleby – Senilis powlókł się do Insani i nigdy nie opuścił jej granic.

Po co ludzie pielgrzymowali do Memorii? Tracili czas, by stanąć na najdalszych obszarach własnego pamiętania? Szli po dotyk, jedyny czczony zmysł tamtego świata.

Za to, że wchodzimy drugi raz do tej samej rzeki,
będziemy was sławić, sepulkrarze, nieudolną kopią
waszej własnej sztuki, a nazwiemy ten ersatz archeologią.

Antyfony nad Memorią, fragment

of faces, each one a copy of the first. The tombers were pulling out these soft pearls all the way to the horizon. When Senilis got what he asked for, he basked in the joy of people to whom old age offered still more years, demanding their wits in return. He tossed the faces up, lulled them, put them on his own, sang something to them in a language that confused its own vernacular with another. When the faces, at first similar to animated masks, had wilted and then withered — as does any incarnate reflection removed from the soil — Senilis dragged himself to Insania and never left its borders.

Why did people pilgrimage to Memoria? Did they waste their time to stand on the outermost corners of their own remembrance? They traveled for touch, the only revered sense of that world.

> *For the fact that we step in the same river twice,*
> *we will laud you, sepulchlars, with an inept copy*
> *of our own art, and we shall call this ersatz archaeology.*

> *Antiphons on Memoria, an excerpt*

Acknowledgments

The author and translator wish to express their gratitude to the editors of the following publications where English-language versions of some of the poems from this book appeared previously, sometimes in earlier versions:

GUEST ("Teaspoon" & "Down");
La Piccioletta Barca ("Ash," "Feather" & "Chunk of Clay");
LIT ("Box," "Fork," "Sink," & "Windowsill");
Michigan Quarterly Review ("Stone" & "Tights");
Seedings ("A Comb," "A Needle Cushion," "Pockets," & "To Feed the Stone");
Tripwire ("Terra Memoria").

We'd also like to extend special thanks to John Apruzzese for his continuing support, John O'Brien at Dalkey Archive Press for taking on this project and bringing the book to the English-speaking world, and to Mark Tardi for making sure no stone went unfed.

BRONKA NOWICKA is a Polish theatre and TV director, screen-writer, poet, and interdisciplinary artist. She is a graduate of the National Film School in Łódź, Poland, and the Cracow Academy of Fine Arts. Her literary debut, *Nakarmić kamień* (*To Feed the Stone*) was awarded the 2016 Nike Literary Award and the Złoty Środek Poezji (Golden Mean of Poetry) award. In 2017, she was a laureate of the New Voices from Europe project.

KATARZYNA SZUSTER-TARDI is a translator. She earned her M.A. in English studies from the University of Łódź, Poland, and was a lecturer at the Department of Foreign Languages, University of Nizwa in Oman. She has translated various Polish poets into English, such as Miron Białoszewski, Justyna Bargielska, and Bronka Nowicka. Her translations have been published in *Aufgabe, Free Over Blood, Moria, Biweekly, Words without Borders, diode, Toad Press, Berlin Quarterly, Seedings, Michigan Quarterly Review, Tripwire, La Piccioleta Barca,* and *LIT.*

MICHAL AJVAZ, *The Golden Age.*
The Other City.

PIERRE ALBERT-BIROT, *Grabinoulor.*

YUZ ALESHKOVSKY, *Kangaroo.*

FELIPE ALFAU, *Chromos.*
Locos.

JOE AMATO, *Samuel Taylor's Last Night.*

IVAN ÂNGELO, *The Celebration.*
The Tower of Glass.

ANTÓNIO LOBO ANTUNES, *Knowledge
of Hell.*
The Splendor of Portugal.

ALAIN ARIAS-MISSON, *Theatre of Incest.*

JOHN ASHBERY & JAMES SCHUYLER,
A Nest of Ninnies.

ROBERT ASHLEY, *Perfect Lives.*

GABRIELA AVIGUR-ROTEM, *Heatwave
and Crazy Birds.*

DJUNA BARNES, *Ladies Almanack.*
Ryder.

JOHN BARTH, *Letters.*
Sabbatical.

DONALD BARTHELME, *The King.*
Paradise.

SVETISLAV BASARA, *Chinese Letter.*

MIQUEL BAUÇÀ, *The Siege in the Room.*

RENÉ BELLETTO, *Dying.*

MAREK BIENCZYK, *Transparency.*

ANDREI BITOV, *Pushkin House.*

ANDREJ BLATNIK, *You Do Understand.*
Law of Desire.

LOUIS PAUL BOON, *Chapel Road.*
My Little War.
Summer in Termuren.

ROGER BOYLAN, *Killoyle.*

IGNÁCIO DE LOYOLA BRANDÃO,
Anonymous Celebrity.
Zero.

BONNIE BREMSER, *Troia: Mexican
Memoirs.*

CHRISTINE BROOKE-ROSE,
Amalgamemnon.

BRIGID BROPHY, *In Transit.*
The Prancing Novelist.

GERALD L. BRUNS,
Modern Poetry and the Idea of Language.

GABRIELLE BURTON, *Heartbreak Hotel.*

MICHEL BUTOR, *Degrees.*
Mobile.

G. CABRERA INFANTE, *Infante's Inferno.*
Three Trapped Tigers.

JULIETA CAMPOS, *The Fear of Losing
Eurydice.*

ANNE CARSON, *Eros the Bittersweet.*

ORLY CASTEL-BLOOM, *Dolly City.*

LOUIS-FERDINAND CÉLINE, *North.*
Conversations with Professor Y.
London Bridge.

MARIE CHAIX, *The Laurels of Lake
Constance.*

HUGO CHARTERIS, *The Tide Is Right.*

ERIC CHEVILLARD, *Demolishing Nisard.*
The Author and Me.

MARC CHOLODENKO, *Mordechai
Schamz.*

JOSHUA COHEN, *Witz.*

EMILY HOLMES COLEMAN, *The Shutter
of Snow.*

ERIC CHEVILLARD, *The Author and Me.*

ROBERT COOVER, *A Night at the Movies.*

STANLEY CRAWFORD, *Log of the S.S.
The Mrs Unguentine.*
Some Instructions to My Wife.

RENÉ CREVEL, *Putting My Foot in It.*

RALPH CUSACK, *Cadenza.*

NICHOLAS DELBANCO, *Sherbrookes.*
The Count of Concord.

NIGEL DENNIS, *Cards of Identity.*

PETER DIMOCK, *A Short Rhetoric for
Leaving the Family.*

ARIEL DORFMAN, *Konfidenz.*

COLEMAN DOWELL, *Island People.*
Too Much Flesh and Jabez.

ARKADII DRAGOMOSHCHENKO,
Dust.

RIKKI DUCORNET, *Phosphor in
Dreamland.*
The Complete Butcher's Tales.

RIKKI DUCORNET (cont.), *The Jade Cabinet*.
The Fountains of Neptune.

WILLIAM EASTLAKE, *The Bamboo Bed*.
Castle Keep.
Lyric of the Circle Heart.

JEAN ECHENOZ, *Chopin's Move*.

STANLEY ELKIN, *A Bad Man*.
Criers and Kibitzers, Kibitzers and Criers.
The Dick Gibson Show.
The Franchiser.
The Living End.
Mrs. Ted Bliss.

FRANÇOIS EMMANUEL, *Invitation to a Voyage*.

PAUL EMOND, *The Dance of a Sham*.

SALVADOR ESPRIU, *Ariadne in the Grotesque Labyrinth*.

LESLIE A. FIEDLER, *Love and Death in the American Novel*.

JUAN FILLOY, *Op Oloop*.

ANDY FITCH, *Pop Poetics*.

GUSTAVE FLAUBERT, *Bouvard and Pécuchet*.

KASS FLEISHER, *Talking out of School*.

JON FOSSE, *Aliss at the Fire*.
Melancholy.

FORD MADOX FORD, *The March of Literature*.

MAX FRISCH, *I'm Not Stiller*.
Man in the Holocene.

CARLOS FUENTES, *Christopher Unborn*.
Distant Relations.
Terra Nostra.
Where the Air Is Clear.

TAKEHIKO FUKUNAGA, *Flowers of Grass*.

WILLIAM GADDIS, JR., *The Recognitions*.

JANICE GALLOWAY, *Foreign Parts*.
The Trick Is to Keep Breathing.

WILLIAM H. GASS, *Life Sentences*.
The Tunnel.
The World Within the Word.
Willie Masters' Lonesome Wife.

GÉRARD GAVARRY, *Hoppla! 1 2 3*.

ETIENNE GILSON, *The Arts of the Beautiful*.
Forms and Substances in the Arts.

C. S. GISCOMBE, *Giscome Road*.
Here.

DOUGLAS GLOVER, *Bad News of the Heart*.

WITOLD GOMBROWICZ, *A Kind of Testament*.

PAULO EMÍLIO SALES GOMES, *P's Three Women*.

GEORGI GOSPODINOV, *Natural Novel*.

JUAN GOYTISOLO, *Count Julian*.
Juan the Landless.
Makbara.
Marks of Identity.

HENRY GREEN, *Blindness*.
Concluding.
Doting.
Nothing.

JACK GREEN, *Fire the Bastards!*

JIŘÍ GRUŠA, *The Questionnaire*.

MELA HARTWIG, *Am I a Redundant Human Being?*

JOHN HAWKES, *The Passion Artist*.
Whistlejacket.

ELIZABETH HEIGHWAY, ED., *Contemporary Georgian Fiction*.

AIDAN HIGGINS, *Balcony of Europe*.
Blind Man's Bluff.
Bornholm Night-Ferry.
Langrishe, Go Down.
Scenes from a Receding Past.

KEIZO HINO, *Isle of Dreams*.

KAZUSHI HOSAKA, *Plainsong*.

ALDOUS HUXLEY, *Antic Hay*.
Point Counter Point.
Those Barren Leaves.
Time Must Have a Stop.

NAOYUKI II, *The Shadow of a Blue Cat*.

DRAGO JANČAR, *The Tree with No Name*.

MIKHEIL JAVAKHISHVILI, *Kvachi*.

GERT JONKE, *The Distant Sound*.
Homage to Czerny.
The System of Vienna.

JACQUES JOUET, *Mountain R.*
Savage.
Upstaged.
MIEKO KANAI, *The Word Book.*
YORAM KANIUK, *Life on Sandpaper.*
.ZURAB KARUMIDZE, *Dagny.*
JOHN KELLY, *From Out of the City.*
HUGH KENNER, *Flaubert, Joyce
and Beckett: The Stoic Comedians.*
Joyce's Voices.
DANILO KIŠ, *The Attic.*
The Lute and the Scars.
Psalm 44.
A Tomb for Boris Davidovich.
ANITA KONKKA, *A Fool's Paradise.*
GEORGE KONRÁD, *The City Builder.*
TADEUSZ KONWICKI, *A Minor
Apocalypse.*
The Polish Complex.
ANNA KORDZAIA-SAMADASHVILI,
Me, Margarita.
MENIS KOUMANDAREAS, *Koula.*
ELAINE KRAF, *The Princess of 72nd Street.*
JIM KRUSOE, *Iceland.*
AYSE KULIN, *Farewell: A Mansion in
Occupied Istanbul.*
EMILIO LASCANO TEGUI, *On Elegance
While Sleeping.*
ERIC LAURRENT, *Do Not Touch.*
VIOLETTE LEDUC, *La Bâtarde.*
EDOUARD LEVÉ, *Autoportrait.*
Newspaper.
Suicide.
Works.
MARIO LEVI, *Istanbul Was a Fairy Tale.*
DEBORAH LEVY, *Billy and Girl.*
JOSÉ LEZAMA LIMA, *Paradiso.*
ROSA LIKSOM, *Dark Paradise.*
OSMAN LINS, *Avalovara.*
The Queen of the Prisons of Greece.
FLORIAN LIPUŠ, *The Errors of Young Tjaž.*
GORDON LISH, *Peru.*
ALF MACLOCHLAINN, *Out of Focus.*
Past Habitual.

The Corpus in the Library.
RON LOEWINSOHN, *Magnetic Field(s).*
YURI LOTMAN, *Non-Memoirs.*
D. KEITH MANO, *Take Five.*
MINA LOY, *Stories and Essays of Mina Loy.*
MICHELINE AHARONIAN MARCOM,
A Brief History of Yes.
The Mirror in the Well.
BEN MARCUS, *The Age of Wire and String.*
WALLACE MARKFIELD, *Teitlebaum's
Window.*
DAVID MARKSON, *Reader's Block.*
Wittgenstein's Mistress.
CAROLE MASO, *AVA.*
HISAKI MATSUURA, *Triangle.*
LADISLAV MATEJKA & KRYSTYNA
POMORSKA, EDS., *Readings in Russian
Poetics: Formalist & Structuralist Views.*
HARRY MATHEWS, *Cigarettes.*
The Conversions.
The Human Country.
The Journalist.
My Life in CIA.
Singular Pleasures.
The Sinking of the Odradek.
Stadium.
Tlooth.
HISAKI MATSUURA, *Triangle.*
DONAL MCLAUGHLIN, *beheading the
virgin mary, and other stories.*
JOSEPH MCELROY, *Night Soul and
Other Stories.*
ABDELWAHAB MEDDEB, *Talismano.*
GERHARD MEIER, *Isle of the Dead.*
HERMAN MELVILLE, *The Confidence-
Man.*
AMANDA MICHALOPOULOU, *I'd Like.*
STEVEN MILLHAUSER, *The Barnum
Museum.*
In the Penny Arcade.
RALPH J. MILLS, JR., *Essays on Poetry.*
MOMUS, *The Book of Jokes.*
CHRISTINE MONTALBETTI, *The Origin
of Man.*
Western.

NICHOLAS MOSLEY, *Accident.*
Assassins.
Catastrophe Practice.
A Garden of Trees.
Hopeful Monsters.
Imago Bird.
Inventing God.
Look at the Dark.
Metamorphosis.
Natalie Natalia.
Serpent.

WARREN MOTTE, *Fables of the Novel:*
French Fiction since 1990.
Fiction Now: The French Novel in the
21st Century.
Mirror Gazing.
Oulipo: A Primer of Potential Literature.

GERALD MURNANE, *Barley Patch.*
Inland.

YVES NAVARRE, *Our Share of Time.*
Sweet Tooth.

DOROTHY NELSON, *In Night's City.*
Tar and Feathers.

ESHKOL NEVO, *Homesick.*

WILFRIDO D. NOLLEDO, *But for*
the Lovers.

BORIS A. NOVAK, *The Master of*
Insomnia.

FLANN O'BRIEN, *At Swim-Two-Birds.*
The Best of Myles.
The Dalkey Archive.
The Hard Life.
The Poor Mouth.
The Third Policeman.

CLAUDE OLLIER, *The Mise-en-Scène.*
Wert and the Life Without End.

PATRIK OUŘEDNÍK, *Europeana.*
The Opportune Moment, 1855.

BORIS PAHOR, *Necropolis.*

FERNANDO DEL PASO, *News from*
the Empire.
Palinuro of Mexico.

ROBERT PINGET, *The Inquisitory.*
Mahu or The Material.
Trio.

MANUEL PUIG, *Betrayed by Rita*
Hayworth.

The Buenos Aires Affair.
Heartbreak Tango.

RAYMOND QUENEAU, *The Last Days.*
Odile.
Pierrot Mon Ami.
Saint Glinglin.

ANN QUIN, *Berg.*
Passages.
Three.
Tripticks.

ISHMAEL REED, *The Free-Lance*
Pallbearers.
The Last Days of Louisiana Red.
Ishmael Reed: The Plays.
Juice!
The Terrible Threes.
The Terrible Twos.
Yellow Back Radio Broke-Down.

JASIA REICHARDT, *15 Journeys Warsaw*
to London.

JOÃO UBALDO RIBEIRO, *House of the*
Fortunate Buddhas.

JEAN RICARDOU, *Place Names.*

RAINER MARIA RILKE,
The Notebooks of Malte Laurids Brigge.

JULIÁN RÍOS, *The House of Ulysses.*
Larva: A Midsummer Night's Babel.
Poundemonium.

ALAIN ROBBE-GRILLET, *Project for a*
Revolution in New York.
A Sentimental Novel.

AUGUSTO ROA BASTOS, *I the Supreme.*

DANIËL ROBBERECHTS, *Arriving in*
Avignon.

JEAN ROLIN, *The Explosion of the*
Radiator Hose.

OLIVIER ROLIN, *Hotel Crystal.*

ALIX CLEO ROUBAUD, *Alix's Journal.*

JACQUES ROUBAUD, *The Form of*
a City Changes Faster, Alas, Than the
Human Heart.
The Great Fire of London.
Hortense in Exile.
Hortense Is Abducted.
Mathematics: The Plurality of Worlds of
Lewis.
Some Thing Black.

RAYMOND ROUSSEL, *Impressions of Africa*.

VEDRANA RUDAN, *Night*.

PABLO M. RUIZ, *Four Cold Chapters on the Possibility of Literature*.

GERMAN SADULAEV, *The Maya Pill*.

TOMAŽ ŠALAMUN, *Soy Realidad*.

LYDIE SALVAYRE, *The Company of Ghosts*.
The Lecture.
The Power of Flies.

LUIS RAFAEL SÁNCHEZ, *Macho Camacho's Beat*.

SEVERO SARDUY, *Cobra & Maitreya*.

NATHALIE SARRAUTE, *Do You Hear Them?*
Martereau.
The Planetarium.

STIG SÆTERBAKKEN, *Siamese*.
Self-Control.
Through the Night.

ARNO SCHMIDT, *Collected Novellas*.
Collected Stories.
Nobodaddy's Children.
Two Novels.

ASAF SCHURR, *Motti*.

GAIL SCOTT, *My Paris*.

DAMION SEARLS, *What We Were Doing and Where We Were Going*.

JUNE AKERS SEESE,
Is This What Other Women Feel Too?

BERNARD SHARE, *Inish*.
Transit.

VIKTOR SHKLOVSKY, *Bowstring*.
Literature and Cinematography.
Theory of Prose.
Third Factory.
Zoo, or Letters Not about Love.

PIERRE SINIAC, *The Collaborators*.

KJERSTI A. SKOMSVOLD,
The Faster I Walk, the Smaller I Am.

JOSEF ŠKVORECKÝ, *The Engineer of Human Souls*.

GILBERT SORRENTINO, *Aberration of Starlight*.
Blue Pastoral.
Crystal Vision.

Imaginative Qualities of Actual Things.
Mulligan Stew. Red the Fiend.
Steelwork.
Under the Shadow.

MARKO SOSIČ, *Ballerina, Ballerina*.

ANDRZEJ STASIUK, *Dukla*.
Fado.

GERTRUDE STEIN, *The Making of Americans*.
A Novel of Thank You.

LARS SVENDSEN, *A Philosophy of Evil*.

PIOTR SZEWC, *Annihilation*.

MARK TARDI, *The Circus of Trust*.

GONÇALO M. TAVARES, *A Man: Klaus Klump*.
Jerusalem.
Learning to Pray in the Age of Technique.

LUCIAN DAN TEODOROVICI,
Our Circus Presents...

NIKANOR TERATOLOGEN, *Assisted Living*.

STEFAN THEMERSON, *Hobson's Island*.
The Mystery of the Sardine.
Tom Harris.

TAEKO TOMIOKA, *Building Waves*.

JOHN TOOMEY, *Sleepwalker*.

DUMITRU TSEPENEAG, *Hotel Europa*.
The Necessary Marriage.
Pigeon Post.
Vain Art of the Fugue.

ESTHER TUSQUETS, *Stranded*.

DUBRAVKA UGRESIC, *Lend Me Your Character*.
Thank You for Not Reading.

TOR ULVEN, *Replacement*.

MATI UNT, *Brecht at Night*.
Diary of a Blood Donor.
Things in the Night.

ÁLVARO URIBE & OLIVIA SEARS, EDS.,
Best of Contemporary Mexican Fiction.

ELOY URROZ, *Friction*.
The Obstacles.

LUISA VALENZUELA, *Dark Desires and the Others*.
He Who Searches.

PAUL VERHAEGHEN, *Omega Minor*.

FOR A FULL LIST OF PUBLICATIONS, VISIT: www.dalkeyarchive.com

BORIS VIAN, *Heartsnatcher.*

LLORENÇ VILLALONGA, *The Dolls' Room.*

TOOMAS VINT, *An Unending Landscape.*

ORNELA VORPSI, *The Country Where No One Ever Dies.*

AUSTRYN WAINHOUSE, *Hedyphagetica.*

CURTIS WHITE, *America's Magic Mountain.*
The Idea of Home.
Memories of My Father Watching TV.
Requiem.

DIANE WILLIAMS,
Excitability: Selected Stories.
Romancer Erector.

DOUGLAS WOOLF, *Wall to Wall.*
Ya! & John-Juan.

JAY WRIGHT, *Polynomials and Pollen.*
The Presentable Art of Reading Absence.

PHILIP WYLIE, *Generation of Vipers.*

MARGUERITE YOUNG, *Angel in the Forest.*
Miss MacIntosh, My Darling.

REYOUNG, *Unbabbling.*

VLADO ŽABOT, *The Succubus.*

ZORAN ŽIVKOVIĆ , *Hidden Camera.*

LOUIS ZUKOFSKY, *Collected Fiction.*

VITOMIL ZUPAN, *Minuet for Guitar.*

SCOTT ZWIREN, *God Head.*

AND MORE . . .